# *Bienvenue en Andalousie*

W0325826





*La place d'Espagne à Séville.*
G. Gerault/hemis.fr

# Arriver en Andalousie

## EN AVION

*Voir aussi « Venir en avion » p. 138.*
Renseignements : www.aena.es - 902 404 704.

### *Almería*

**Aéroport d'Almería** – Carretera Níjar, Km 9. À 9 km à l'est d'Almería.
**En bus** : 30 allers-retours quotidiens vers le centre-ville (ligne 30, 25mn).
**En taxi** : 15mn et environ 15 €.

### *Cadix/Jerez*

**Aéroport de Jerez** – Carretera N-IV, km 628.5. À 13 km au nord-est de Jerez de la Frontera par la route (A 4).
**En train** (ligne C-1) : 10mn pour Jerez (45mn pour Cadix). **En bus** : 20mn. **En taxi** : 15mn et environ 25 €. De nombreux trains et autobus à destination de **Cadix** depuis Jerez.

### *Cordoue*

Très peu de vols commerciaux se posent sur l'aéroport de Cordoue. Pour aller à Cordoue, le plus simple est d'atterrir à l'**aéroport de Séville**.
**En train** : 1h10 depuis l'aéroport de Séville (26 à 38 €). **En bus** : pas de bus direct depuis l'aéroport. Vous en trouverez dans le centre-ville de Séville (Plaza de Armas et Av. Cruz del Campo).

### *Grenade*

**Aéroport Federico García Lorca** – Rte de Málaga, km 17. À 12 km de Grenade.
**En bus** : la compagnie **Autocares José González** (958 490 164 - www.autocaresjosegonzalez.com) dessert les principaux arrêts du centre-ville (cathédrale, Gran Vía de Colón, etc.).
**En taxi** : 15-20mn et 25 €.

### *Málaga*

**Aéroport de Málaga-Costa del Sol** – Av. García Morato - À 9 km à l'ouest de la ville par la route de la côte (MA-21).
**En train** : la ligne C-1 relie l'aéroport à la gare ferroviaire et à l'Alameda Principal (12mn). **En bus** : le bus A Express part ttes les 30mn du Paseo del Parque, de 7h à 0h (20mn de trajet, 3 €). **En taxi** : 15mn et de 15 à 19 €.

### *Séville*

**Aéroport de San Pablo** – A 4, Km 532. À 12 km de Séville par l'autovía A 4-E 5 (direction Córdoba).
**En bus** : service de **bus urbain** entre l'aéroport et Séville (terminus : plaza de Armas, www.tussam.es).
**En taxi** : environ 25 €.

## EN TRAIN

*Voir aussi « Venir en train » p. 139.*
De la **gare d'Atocha** à Madrid vous pourrez rejoindre les principales villes andalouses : **Séville** (2h30), **Málaga** (2h20) et **Cordoue** (1h45) en AVE (dép. ttes les 30 ou 60mn) ; **Cadix** (4h30), **Grenade** (4h), **Algésiras** (5h30), **Huelva** (4h15) et **Almería** (6h45) en train normal.

*L'enceinte de l'alcázar à Jerez de la Frontera.*
R. Mattes/hemis.fr

# *Les immanquables*

***notre sélection des plus beaux sites***

**Cordoue★★★**
Carte routière C2
p. 38

**Ronda★★**
Carte routière C3 p. 82

**Séville★★★**
Carte routière B2
p. 16

**Cadix★★**
Carte routière B3
p. 84

**Parc naturel des sierras de Cazorla, Segura et Las Villas★★★**
Carte routière E2 p. 55

**Parc national de Doñana★★★**
Carte routière AB3
p. 104

**Úbeda★★**
Carte routière E2
p. 53

**Grenade★★★**
Carte routière D3
p. 58

**Málaga★★,**
Carte routière D3
p. 74

**Route des Villages blancs★★**
Carte routière BC3
p. 93

# Nos coups de cœur

**Jouer au cow-boy**, dans le désert de Tabernas, dont l'aspect lunaire et aride évoque un Ouest américain plus vrai que nature, et marcher sur les traces de Sergio Leone ou des réalisateurs de westerns-spaghettis. *Voir p. 72.*

**Visiter la Mosquée de Cordoue en nocturne**, quand un éclairage soigné magnifie l'intérieur du vénérable édifice et le rend plus fascinant encore. Une féerie à ne pas manquer ! *Voir p. 38.*

B. Gardel/hemis.fr

*Un bar à Jabugo, la ville du fameux jambon.*

**S'étourdir devant le spectacle des oliveraies** qui escaladent les collines, dessinent des motifs géométriques et strient les paysages au sud de Jaén, *voir p. 50*, et déguster les huiles d'olive de Baeza, l'une des capitales de l'huile d'olive, *voir p. 124.*

**Faire la tournée des bars à tapas** comme un vrai Sévillan. Passer des bars classiques, au décor d'*azulejos* et jambons suspendus, aux nouvelles adresses où les tapas traditionnelles se réinventent et côtoient d'autres cuisines du monde. *Voir p. 108.*

**Accompagner une romería**, pour savoir ce que piété et ferveur populaires veulent dire en Andalousie. L'idéal serait de découvrir le plus important de ces pèlerinages, celui de la Vierge del Rocío (province de Huelva) : pas moins d'un million de fidèles affluent alors de toute l'Espagne dans ce village du bout du monde aux rues ensablées où l'on se croirait dans un décor de Far West. *Voir p. 160.*

**Faire la promenade du front de mer de Cadix.** Tomber d'abord sous le charme de la végétation du Parque Genovés, un jardin botanique qui constitue une véritable oasis de verdure, puis continuer vers le nord jusqu'aux promenades bordées d'arbres des alamedas de Apodaca et del Marqués de Comillas, avec leurs vues imprenables sur l'océan. *Voir p. 88.*

**Découvrir le manzanilla**, vin peu connu en dehors des frontières espagnoles et cousin du xérès, produit entre Sanlúcar de Barrameda et Jerez de la Frontera, dont le goût très particulier est lié à la proximité de la mer. Une bodega de Sanlúcar propose une visite nocturne qui souligne la magie des lieux. *Voir p. 97.*

**S'émerveiller dans les patios cordouans**, avec leurs cascades de fleurs et de plantes vertes bichonnées par leurs propriétaires. Le meilleur moment ? Lors de la Fête des patios, inscrite au patrimoine immatériel de l'Humanité, ou toute l'année en suivant les itinéraires proposés dans les quartiers de l'Alcázar Viejo ou de l'Axerquía. L'occasion aussi d'aller à la rencontre d'habitants-jardiniers émérites très fiers de leurs créations végétales finalement pas si éloignées de l'art baroque ! *Voir p. 44.*

**Goûter au jambon de Jabugo,** le fameux bellota ou pata negra affiné pendant au moins 36 mois, obtenu à partir de viande de cochon noir ibérique nourri exclusivement de glands et d'aliments naturels. Difficile ensuite de se contenter d'un banal *jamón serrano* ! *Voir p. 125.*

**Vibrer devant un spectacle de flamenco** dans le *barrio* de Triana (l'un des berceaux du flamenco), à Séville, *voir p. 25*, au Tablao Flamenco El Cardenal à Cordoue, *voir p. 126*, ou au Chien andalou à Grenade, *voir p. 128.*

E. Grund/age fotostock

*Jardin botanique La Concepción.*

**Déambuler dans le superbe jardin botanique La Concepción à Málaga**. Les nombreuses essences tropicales et la végétation luxuriante sont un véritable ravissement pour les sens. Notre coin favori : la pergola envahie par la glycine, particulièrement belle au printemps, quand elle se couvre de fleurs violettes. *Voir p. 78.*

**Vivre l'expérience saisissante de la Semaine sainte à Séville**. Assister aux longs défilés des fastueux pasos lors de la plus grande fête d'Andalousie, en avril. L'odeur de l'encens, la lumière des bougies, la musique, et les costumes des pénitents vous fascineront. *Voir p. 24.*

# L'Andalousie en 1 semaine

## SÉVILLE - CORDOUE - GRENADE

### *Séville*★★★

**▶ *Jour 1***

Visitez la **cathédrale**★★★ *(p. 16)* avant d'entreprendre l'ascension de la **Giralda**★★★ *(p. 19)* et de découvrir le fameux **patio de los Naranjos**★. Offrez-vous quelques tapas dans un bar de la **calle Mateos Gago** *(p. 108)*, puis profitez du charme du **Barrio de Santa Cruz**★★★ *(p. 22)* avant de visiter la **Casa de Pilatos**★★ *(p. 27)*.

**▶ *Jour 2***



Consacrez la matinée à la découverte du raffinement arabo-andalou du **Real Alcázar**★★★ *(p. 19)* et profitez du calme et de la fraîcheur de ses magnifiques **jardins**★★ *(p. 21)*. Attardez-vous sur la **plaza de España**★★ et profitez du **parc de María Luisa**★ *(p. 25)*.

**▶ *Jour 3***

Arpentez le quartier de **Triana**★ *(p. 24)*, visitez le **museo de Bellas Artes**★★★ *(p. 27)* avant de faire une promenade panoramique au **Metropol Parasol**★★ *(p. 30)*. Poussez jusqu'à la **basilique de la Macarena**★ *(p. 31)* et terminez par une séance shopping dans la **calle Sierpes** *(p. 122)*.

### *Cordoue*★★★

**▶ *Jour 4***

Découvrez le centre historique et la **mosquée-cathédrale**★★★ *(p. 38)*, profitez du panorama depuis la **tour de la Calahorra**★ *(p. 42)* avant de visiter la **Judería**★★ *(p. 44)*, le **palacio de Viana**★★ et l'église **San Lorenzo**★ *(p. 48)*.

**▶ *Jour 5***

Profitez des patios fleuris de Cordoue avant de partir visiter **Madinat al-Zahra**★★ et le **château d'Almodóvar del Río**★★ *(p. 49)*.

### *Grenade*★★★

**▶ *Jour 6***

Visitez l'**Alhambra**★★★ *(p. 60)* et ses palais nasrides, summum du raffinement andalou, puis le **Generalife**★★ *(p. 63)*, la **cathédrale**★★ *(p. 63)* et enfin la **Chapelle royale**★★ *(p. 66)*.

**▶ *Jour 7***

Visitez le **monastère de San Jerónimo**★★ *(p. 67)* avant de revenir vers la **basilique de San Juan de Dio** *(p. 68)* et redescendez le long du Darro pour visiter les splendides **bains arabes**★ *(p. 68)*. Faites une pause dans une **tetería** *(p. 120)* et profitez des tapas offertes avec chaque verre !

### *Option ou prolongation*

*Si vous restez plus d'une semaine ou si vous décidez d'écourter un peu la visite de Séville, Cordoue ou Grenade, vous pouvez terminer votre séjour en passant une journée dans l'**Alpujarra grenadine** (p. 69), sur le versant méridional de la Sierra Nevada, puis rejoindre **Almería** (p. 71) pour passer une journée dans le **désert de Tabernas** (p. 72).*

## EN REMONTANT LE GUADALQUIVIR

### *Séville★★★*

**▶Jour 1**

Visitez la **cathédrale★★★** *(p. 16)*, la **Giralda★★★** *(p. 19)* et le **patio de los Naranjos★**. Offrez-vous quelques tapas dans un bar de la **calle Mateos Gago** *(p. 108)*, puis profitez du charme du **Barrio de Santa Cruz★★★** *(p. 22)* et visitez la **Casa de Pilatos★★** *(p. 27)*.

**▶Jour 2**

Visitez le **Real Alcázar★★★** *(p. 19)* et ses **jardins★★** *(p. 21)*. Attardez-vous sur la **plaza de España★★** et profitez du **parc de María Luisa★** *(p. 25)*.

### *La Campiña★★*

**▶Jour 3**

Consacrez la matinée à **Carmona★★** *(p. 32)*, avant de partir pour **Osuna★** *(p. 34)* et **Écija★** *(p. 36)*. Ralliez ensuite le Guadalquivir à Palma del Río et visitez le **château d'Almodóvar del Río★★** *(p. 49)* avant de rejoindre **Cordoue★★★** *(p. 38)* en fin de journée pour aller dîner dans le **quartier de la mosquée★★** *(p. 110)*.

### *Cordoue★★★*

**▶Jour 4**

Faites votre choix dans l'itinéraire « Séville-Cordoue-Grenade », page ci-contre. Ne manquez pas la visite de la **mosquée-cathédrale★★★** *(p. 38)* et de la **Judería★★** *(p. 44)*.

### *Úbeda★★*

**▶Jour 5**

Partez vers les confins nord-est, dans la province de Jaén, afin de rejoindre **Baeza★** *(p. 51)*, véritable bijou Renaissance, puis **Úbeda★★** *(p. 53)*, pour découvrir son riche patrimoine, notamment la **plaza Vázquez de Molina** et la **chapelle del Salvador**. Passez la nuit à Úbeda ou Baeza *(p. 132 et 133)*.

Fotomicar/iStock

*La rivière Borosa dans le pac naturel.*

### *Parc naturel des sierras de Cazorla, Segura et Las Villas★★★*

**▶Jours 6 et 7**

Partez pour **Cazorla** *(p. 56)*, porte du **Parc naturel des sierras de Cazorla, Segura et Las Villas★★★** *(p. 55)*. Deux jours ne seront pas de trop pour découvrir les richesses et randonner dans le plus grand parc naturel d'Espagne.

## DE LA MÉDITERRANÉE À L'OCÉAN

### *Málaga*★★

**▶*Jour 1***

Après une visite du centre-ville, visitez la **cathédrale**★ *(p. 76)* et le **musée Carmen Thyssen**★ *(p. 74)*. Déjeunez dans l'un des nombreux bars à tapas et bodegas dans le centre-ville *(p. 114)*. Consacrez ensuite une partie de l'après-midi à l'**Alcazaba**★★ *(p. 74)*.

**▶*Jour 2***

Poussez les portes du **musée Picasso**★★ *(p. 77)* pour contempler ses chefs-d'œuvre, puis enchaînez avec le **Centre Pompidou**★ *(p. 77)*. L'après-midi, prenez un bus pour vous rendre au splendide **jardin botanique La Concepción**★ *(p. 78)*. Promenez-vous ensuite dans le quartier des plages de **La Malagueta**★ *(p. 78)*.

digicomphoto/iStock

*Vue sur Cadix depuis la cathédrale.*

### *Costa del Sol*★

**▶*Jour 3***

Arrêtez-vous à **Mijas**★ *(p. 81)* et visitez son **vieux quartier**★, puis gagner **Marbella**★ *(p. 80)* et promenez-vous dans la vieille ville. En chemin, profitez des plages de la Costa del Sol.

### *Ronda*★★

**▶*Jour 4***

Visitez **La Ciudad**★★ et **El Mercadillo** *(p. 82)*, le **palais de Mondragón** et son **musée**, et empruntez le **Puente Nuevo** *(p. 83)* pour profiter de la vue imprenable sur la vallée du Guadiaro.

### *Route des Villages blancs*★★

**▶*Jour 5***

Suivez la **route des Villages blancs**★★ *(p. 93)*, puis faites étape à **Arcos de la Frontera**★★ *(p. 93)*.

### *Jerez de la Frontera*★★

**▶*Jour 6***

Ralliez **Jerez de la Frontera**★★ *(p. 90)*. Visitez la ville et une bodega avant de rejoindre **Cadix**★★ *(p. 84)* en fin de journée.

### *Cadix*★★

**▶*Jour 7***

Consacré la matinée au **musée de Cadix**★ *(p. 86)*, à la **tour Tavira**★ *(p. 88)* et à la **cathédrale**★ *(p. 86)*. L'après-midi, promenez-vous sur le front de mer dans les **alamedas**★★ et le **parc Genovés**★★ *(p. 88)*.

## UNE AUTRE ANDALOUSIE

### *Séville*★★★

**▶ *Jour 1 et 2***

Voir la suggestion du circuit « En remontant le Guadalquivir », jours 1 et 2, p. 9.

### *Parc national de Doñana*★★★

**▶ *Jour 3***

Faites une excursion en 4x4 ou en bateau dans le **Parc national de Doñana**★★★ *(p. 104)*; vous pouvez passer la soirée à **El Rocío** et la nuit à **Huelva**★ *(p. 103)*.

### *Huelva*

**▶ *Jour 4***

Profitez des plages du littoral atlantique du côté de **Mazagón** *(p. 104)* avant de revenir à **Huelva**★ *(p. 103)* en fin d'après-midi. Promenez-vous dans le **quartier Reina Victoria**★ et ses maisons de style anglais.

### *Parque natural de la sierra de Aracena y Picos de Aroche*★★

**▶ *Jour 5***

Mettez le cap plein nord pour relier **Aracena**★ et le **parc naturel** *(p. 104)*. Visitez la **grotte des Merveilles**★★. Faites un saut à **Jabugo** pour y déguster son célèbre jambon *(p. 125)*.

**▶ *Jour 6***

Effectuez l'itinéraire d'Aracena à **Aroche** *(p. 105)* à travers le **parc naturel**. Empruntez la route qui passe par les étonnants villages blancs d'**Alájar**★ et d'**Almonaster la Real**★ *(p. 104)*.

Minden/hemis.fr

*Des cigognes dans le parc national de Doñana.*

### *Séville*★★★

**▶ *Jour 7***

Arpentez le quartier de **Triana**★ *(p. 24)*, visitez le **museo de Bellas Artes**★★★ *(p. 27)* avant de faire une promenade panoramique au **Metropol Parasol**★★ *(p. 30)*. Poussez jusqu'à la **basilique de la Macarena**★ *(p. 31)* et terminez par une séance shopping dans la **calle Sierpes** *(p. 122)*.

# Visiter l'Andalousie



*La place d'Espagne à Séville.*
A. Spani/hemis.fr

# *L'Andalousie aujourd'hui*

Aujourd'hui encore, l'imagerie espagnole puise l'essentiel de ses sources dans les traditions andalouses, que ce soit les danseurs de flamenco, les toreros, les Gitans, ou les petits villages blancs où flottent des senteurs de jasmin dans des ruelles bordées de maisons aux grilles de fer forgé. C'est dire le pouvoir d'attraction de l'Andalousie à laquelle son art de vivre, son histoire et son architecture confèrent un charme unique.

## *À la découverte de l'art de vivre andalou*



Dans les villes comme dans de plus humbles villages, le visiteur débouche soudain sur une placette au sol pavé : des maisons aux murs d'un blanc éblouissant, une fontaine ouvragée, la façade blasonnée d'une demeure seigneuriale ou celle, baroque, d'une église, un bar où, en fin d'après-midi, se retrouvent jeunes et moins jeunes. Une porte s'entrebâille sur l'Andalousie authentique : une vie à la fois branchée et délicieusement surannée, indolente et fataliste en apparence, mais débordant d'activités.

Vous adopterez bientôt le rythme des journées andalouses, entrecoupées d'une longue sieste et prolongées tard dans la nuit, et vous vous habituerez peu à peu aux horaires des repas, qui peuvent déconcerter le profane.

## *Les huit provinces andalouses*

En 2017, la population andalouse était estimée à environ 8,4 millions d'habitants, en grande partie concentrés dans les huit capitales de province (presque 35 % de la population totale), ainsi que sur le littoral, surtout celui des alentours de Málaga. Séville, la capitale de la région, et Málaga, comprenant respectivement 690 000 et 569 000 habitants, sont les deux agglomérations les plus importantes, mais trois autres villes dépassent les 200 000 habitants : Cordoue, Grenade et Jerez de la Frontera, Almería n'étant pas loin d'atteindre ce chiffre.

Communauté autonome au sein de l'État espagnol depuis 1981, divisée en **huit provinces** – Almería, Cadix, Cordoue, Huelva, Jaén, Grenade, Málaga et Séville –, l'Andalousie dispose d'institutions propres à assurer son développement. Celui-ci, longtemps freiné par les aléas de l'Histoire et une terre traditionnellement agricole et peu industrialisée, bénéficie désormais d'un atout majeur : le tourisme. Mais l'activité agricole demeure l'un des piliers de son économie, avec notamment une forte production céréalière, qui se concentre autour de Séville, de Cadix, d'Almería et de Grenade, et la plus grande superficie cultivée d'oliveraies du pays – l'Espagne est le premier producteur mondial d'huile d'olive –, en particulier dans les provinces de Jaén, de Cordoue et de Grenade.

## *Le tourisme, fer de lance de l'économie andalouse*

L'Andalousie, avec quelque 28,2 millions de visiteurs annuels, est la quatrième destination touristique espagnole, après la Catalogne, les Canaries et les Baléares. Atout majeur du développement andalou, le tourisme représente 13 % du PIB régional et induit près d'un million d'emplois directs et indirects.

Le littoral, et plus particulièrement la **Costa del Sol**, qui réunit la moitié de la capacité hôtelière de la côte andalouse, accueille 75 % de ces touristes, avec pour revers de ce succès, une perte d'authenticité.

Fort heureusement, on ne saurait réduire l'Andalousie à ses plages et le tourisme culturel se maintient à un niveau élevé. Mais il profite avant tout à **Séville**, **Cordoue** et **Grenade**, cités où se mêlent splendeurs chrétienne et musulmane, à l'image de la Grande Mosquée de Cordoue, tour à tour centre religieux de l'Espagne musulmane puis cathédrale.

Les trois villes phares andalouses ne doivent pas pour autant faire oublier les autres merveilles de la région : l'impressionnante **Ronda**, perchée sur son promontoire rocheux, la baroque **Cadix**, qui règne sur les lagunes et les marais salants, la fière **Jerez de la Frontera**, réputée pour son fameux vin de xérès comme pour ses élevages équins, ou encore la discrète **Carmona**, dont les rues et les monuments portent les traces de trois mille ans d'histoire.

Kavalenkava Volha/iStock

*Panorama sur Cordoue et la Grande mosquée.*

Le tourisme vert se développe lui aussi et de très nombreux circuits de randonnée permettent de découvrir la diversité des paysages andalous.

Le **Parc national de Doñana**, considéré comme la plus grande réserve écologique européenne, et le parc naturel de la **Sierra de Aracena y Picos de Aroches**, avec ses charmants villages nichés au sein d'un paysage splendide, font de la province de Huelva une destination prisée des amoureux de la nature. Vers Almería, le **désert de Tabernas** semble tout droit sorti d'un western tandis que la montagne, notamment le domaine skiable de la **Sierra Nevada**, ouvert jusqu'au mois de mai, séduit les amateurs de sommets.

# Séville★★★

**Sevilla**

**Au pied des collines de la Campiña, Séville s'étire sur les rives du Guadalquivir depuis plus de deux mille ans. Dans cet immense labyrinthe de ruelles étroites dominé par la Giralda, tour mythique de l'ancienne mosquée almohade, on se croirait toujours dans la plus belle des médinas d'al-Andalus... Ville théâtrale où don Juan, Figaro et Carmen accomplissent leurs destins, Séville exalte, lors des processions de la Semaine sainte et des festivités de la féria, la ferveur religieuse et les appétits profanes de tout un peuple. Impossible de ne pas tomber sous le charme !**

▶**Accès :** La ville est bien desservie par des autoroutes et des routes nationales qui la relient aux autres villes : Huelva (94 km à l'ouest), Cadix (128 km au sud-ouest), Cordoue (143 km au nord-est) et Grenade (251 km au sud-est).
***Plan détachable de Séville et plan détachable - carte routière B2.***
***Plans de quartier p. 23 et 28-29.***
▶**Conseil :** Comptez 2 jours pour aller à l'essentiel, mais 4 jours pour tout voir. Comptez environ 2h30 de visite pour la cathédrale et l'alcázar (chacun).
*« Nos adresses » p. 108, 118, 122, 126 et 130.*



*Voir aussi notre Guide Week&GO consacré à Séville.*

## CATEDRAL ET GIRALDA★★★

***Plan de quartier p. 23.***
***E5** Plaza Virgen de los Reyes - ☎ 954 214 971 - www.catedraldesevilla.es - ♿ - été : lun. 9h30-15h30, mar.-sam. 9h30-16h, dim. 14h30-18h ; hiver : lun. 11h-15h30, mar.-sam. 11h-17h, dim. 14h30-18h - 9 € (-14 ans gratuit) - possibilité d'acheter les tickets d'entrée sur Internet.*

Splendeurs chrétienne et musulmane se côtoient dans la capitale andalouse, comme en témoignent la cathédrale, la Giralda et l'alcázar, séparés seulement par la plaza del Triunfo.

### CATEDRAL★★★

« Bâtissons une église si grande que ceux qui la verront nous prendront pour des fous » déclara le chapitre de la cathédrale en 1401 quand la décision fut prise d'abattre la mosquée. De fait, la taille de la cathédrale est impressionnante, elle est la troisième du monde chrétien après St-Pierre du Vatican et St-Paul de Londres. C'est l'une des dernières cathédrales gothiques espagnoles et la plus grande. Le style Renaissance s'y manifeste déjà. L'**extérieur** met en valeur l'architecture avec le jeu des volumes. Les portails St-Christophe, ou du Prince, de l'Assomption, dans la cour des Orangers, sont modernes (19e et 20e s.), mais respectent le style de l'ensemble.

Remarquez les sculptures (1460) de Mercadante de Bretaña qui ornent les portes de la Nativité et du Baptême, sur l'avenida de la Constitución. De part et d'autre de la Chapelle royale (1575), décorée de blasons, les portes gothiques des Bâtons et des Clochettes surprennent par le style Renaissance de leurs tympans et l'utilisation de la perspective.
L'**intérieur** surprend par la taille et la richesse de cet univers de pierre, de vitraux et de fer forgé. La légèreté des colonnes accentue la hauteur des cinq vaisseaux – la nef principale étant plus large et plus élevée. À la croisée du transept, les voûtes flamboyantes s'élèvent à 56 m de hauteur. Le tombeau de Christophe Colomb se dresse juste dans l'axe de l'entrée.



### *Capilla mayor*★★

Elle est fermée par de splendides **grilles plateresques**★ (16e s.) ; celle du centre est due au frère Francisco de Salamanca. Le **retable**★★★ flamand (1482-1525) illustre des scènes de la vie du Christ et de la Vierge. Ce gigantesque polyptyque comprend 7 volets et 45 compartiments, et ses milliers de statues, que l'on ne peut malheureusement pas voir de près, donnent l'impression de grandir avec l'éloignement.
Dans la nef principale, de magnifiques grilles du 16e s. du frère Francisco de Salamanca renferment de belles stalles (15e-16e s.). Le majestueux orgue date du 18e s. Le trascoro, composé de marbres multicolores, de jaspe et de bronze, a été réalisé au 17e s.
Dans le **trésor**★★ sont présentées d'intéressantes peintures : *Sainte Juste et sainte Rufine* de Goya, un Zurbarán, un triptyque d'Alejo Fernández et quelques toiles de Valdés Leal. Dans l'antichambre de la sacristie est conservé le *tenebrario*, candélabre plateresque à 15 bras mesurant 7,80 m, que l'on utilise lors des processions de la Semaine sainte. La grande sacristie abrite le superbe ostensoir Renaissance en argent de Juan de Arfe, de 3,90 m de haut et 475 kg ; une Sainte Thérèse de Zurbarán et *Le Martyre de saint Laurent* de Lucas Jordán ornent le mur du fond.

### *Une charmante tradition*

*Ce groupe de douze enfants en costume d'apparat chante et danse devant le maître-autel de la cathédrale lors des huitaines de la Fête-Dieu et de l'Immaculée-Conception, poursuivant ainsi une tradition qui remonte au 16e s. À l'origine, six (seis) enfants constituaient le groupe, d'où le nom Seises. Ils accompagnent aussi la procession de la Fête-Dieu et, quand celle-ci fait une pause sur la place de l'hôtel de ville et devant l'église del Salvador, ils effectuent une danse.*

### *Chapelle royale*★

De style plateresque, elle est couverte d'une **coupole**★★ ornée de caissons dans lesquels sont sculptés des bustes. Sur l'autel trône la statue en bois de Notre-Dame des Rois, patronne de Séville.
Une fois la visite principale terminée, faites le tour des chapelles qui regorgent d'œuvres d'art. Au-dessus de l'autel de N.-D. de la Crèche, voyez le tableau de la Vierge par Alonso Cano. La chapelle de saint Antoine contient une *Vision de*

*saint Antoine de Padoue* de Murillo *(mur de droite)*. Le monument funéraire de Christophe Colomb est un mausolée romantique du 19e s.; les personnages symbolisant les royaumes de Castille, de León, de Navarre et d'Aragon portent le cercueil. Sur les murs de la chapelle de saint Pierre est accrochée une série de peintures de Zurbarán illustrant la vie du saint.
La croisée du transept est couverte de **voûtes**★★ ciselées qui s'élèvent à 55 m de hauteur. Au sol, un miroir permet d'en apprécier la beauté sans se tordre le cou.

## GIRALDA★★★

Symbole de Séville, la Giralda se reconnaît à sa silhouette élégante et altière. Construit en brique à la fin du 12e s., ce minaret de l'ancienne mosquée (96 m) était couronné de trois boules dorées qui disparurent au 14e s. au cours d'un tremblement de terre. Au 16e s., l'architecte cordouan Hernán Ruiz lui conféra son aspect actuel en le surmontant de la chambre des cloches et de la partie supérieure. On couronna alors l'ensemble d'une statue symbolisant la foi et faisant office de girouette *(giralda)*, d'où le nom de la tour et le surnom de Giraldillo pour la statue.
Chef-d'œuvre de l'art almohade, sa décoration discrète traduit bien les principes du mouvement religieux almohade, rigoriste, austère et adversaire de toute forme de luxe, qui fut à l'origine d'un courant artistique associant beauté et simplicité. La tour de la Koutoubia à Marrakech, construite peu auparavant, lui a certainement servi de modèle. À l'intérieur, une rampe à pente douce est divisée en 35 volées. La montée est un peu longue, mais pas très dure. Le long de la rampe, des ouvertures permettent d'avoir une **vue de détail** sur l'architecture extérieure de la cathédrale (gargouilles, pinacles, contreforts, etc.) et de belles **vues fragmentaires** de la ville. Parvenu à la chambre des cloches, on découvre une splendide **vue panoramique**★.

### *Patio de los Naranjos*★
**(Cour des Orangers)**

C'est l'ancienne cour aux ablutions de la mosquée. Toujours ombragée par les orangers, elle est agrémentée d'une fontaine à vasque romaine et constitue une halte agréable après l'ascension de la Giralda

### *Puerta del Perdón*★★
**(Porte du Pardon)**

Jadis entrée majestueuse dans la cour de la mosquée, la porte du Pardon a gardé son arc almohade en fer à cheval et ses vantaux d'origine. Les impressionnantes sculptures et le bas-relief représentant Jésus chassant les marchands du Temple datent du 16e s.

## REAL ALCÁZAR★★★

***Plan de quartier* p. 23.**
***EF5*** *Patio de Banderas - ✆ 954 502 324 - www.alcazarsevilla.org - ♿ - avr.-sept. : 9h30-19h; oct.-mars : 9h30-17h - fermé 1er et 6 janv., Vend. saint, 25 déc. - 11,50 € - gratuit -16 ans, lun. 18h-19h (avr.-sept.) 16h-17h (oct.-mars) - audioguide en français 4,10 € (1h30) - visite nocturne vend. et sam. 21h-22h30 (mai-sept.), 19h30-21h (oct.) 14 € - cafétéria dans les jardins.*

Ce bel ensemble palatial se distingue des autres résidences royales d'Espagne du fait de sa diversité architecturale. Commencé au 10e s., il fut complété et modifié au fil des ans. Chef-d'œuvre de l'art mudéjar, le noyau principal du palais fut bâti à partir de 1362 par Pierre Ier, qui fit appel à des artisans de Grenade, ce qui explique le fait que la décoration se rapproche beaucoup de celle de l'Alhambra (*p. 60*), datant de la même époque. Le palais subit plus tard d'autres modifications, à l'époque de Jean II, des Rois Catholiques, de Charles Quint et de Philippe II.
L'accès se fait par la **porte du Lion**. Encastrée dans un pan de muraille du 11e s., elle ouvre sur le patio du Lion, qui était la place d'armes du château musulman.



## SALA DE LA JUSTICIA Y PATIO DEL YESO★

### (Salle de la Justice et cour du Plâtre)

La salle de la Justice fut érigée au 14e s. sur les restes du palais almohade. Notez la décoration de plâtre et la magnifique coupole.
La cour du Plâtre est l'un des seuls témoignages architecturaux restants de l'époque almohade.
Passé les trois arcs, vestiges des fortifications, le **patio de la Vénerie** ouvre sur l'ensemble palatial.

## PALACIO DEL REY DON PEDRO★★★

### (Palais de Pierre le Cruel)

Sa façade évoque celle du patio de la Chambre dorée de l'Alhambra : un grand auvent de bois sculpté abrite un décor de *sebka*, de graciles arcades polylobées et une grande frise épigraphique.
Un vestibule conduit au vaste **patio des Demoiselles**. Celui-ci est décoré de façon exquise par une galerie d'arcs polylobés aux stucs ciselés, reposant sur des colonnes de marbre jumelées ; dans la galerie, remarquez également le superbe soubassement d'*alicatados* (14e s.).
De superbes salles de style mudéjar ouvrent sur la cour : la salle du plafond de Charles Quint, ancienne chapelle du palais, au magnifique plafond Renaissance orné de caissons polygonaux ; la chambre à coucher des Rois maures, décorée de plâtres bleutés et d'un plafond *artesonado* ; le **salon des Ambassadeurs★★★**, le plus spectaculaire de l'alcázar, couronné d'une **coupole★★★** de cèdre du 15e s. ornée d'un entrelacs ajouré. Le soubassement d'azulejos et la décoration raffinée des murs apportent la touche finale à cet ensemble exceptionnel. Le salon communique avec la salle du plafond de Philippe II, au magnifique plafond Renaissance à caissons de cèdre.
Il mène également au **patio des Poupées**, dont les arcs dentelés encadrés d'*alfiz* reflètent l'influence de Grenade.

## PALACIO GÓTICO O SALONES DE CARLOS V★★

### (Palais gothique ou salons de Charles Quint)

C'est par un portique baroque, au fond du **patio de la Croisée**, que l'on accède au palais. Construit

R. Mattes/hemis.fr

*Les jardins du Real Alcázar.*



par Alphonse X, il subit des transformations au 18e s. à la suite du tremblement de terre de Lisbonne qui provoqua des dégâts jusqu'à Séville. C'est de cette époque que date la Grande Salle, où est exposée une partie de la collection de **tapisseries★★** exécutées à la Manufacture royale de tapisseries de Madrid (18e s.). La salle des Fêtes ou des Voûtes, la partie la plus ancienne du palais (13e s.), a conservé sa structure et ses voûtes en croisée d'ogives d'origine. C'est ici que fut signé le contrat de mariage de Charles Quint et d'Isabelle de Portugal. Remarquez le beau soubassement d'azulejos du 16e s. ainsi que l'autre partie de la collection de tapisseries.

## JARDINES DEL ALCÁZAR★★

***F5-6*** Tout comme le palais, ils ont été dessinés à différentes périodes : époque arabe, Renaissance, période baroque... Ils occupent les 4/5 de la surface totale de l'alcázar et sont étagés en terrasses où l'eau occupe une place de choix.
À gauche en sortant des salons de Charles Quint, on rejoint l'**étang de Mercure** et la **galerie du Grotesque★** du 17e s., qui occupe un pan entier d'une ancienne muraille. C'est de là que l'on a la meilleure vue d'ensemble des jardins. À droite en contrebas, un couloir passant sous les salons de Charles Quint mène aux **bains de María de Padilla**, une vaste « grotte »

installée sous les voûtes qui portent le patio de la Croisée.
Au-delà du **pavillon de Charles Quint** se trouvent le labyrinthe et ses massifs bien taillés, ainsi qu'un jardin moderne à l'anglaise.

## QUARTIER DE SANTA CRUZ★★★

***Plan de quartier p. 23.***
**Bon à savoir** – À visiter avant 9h le matin, si l'on veut éviter les groupes de touristes. Perdez-vous dans ce labyrinthe de rues – il n'est pas très étendu – mais attention aux pickpockets le soir !
On est ici au cœur de Séville : impossible de résister au charme de ce quartier qui s'étend jusqu'à l'église de Santa María la Blanca, avec ses ruelles, ses maisons chaulées, ses patios fleuris à peine visibles et ses petites places. Quartier juif au Moyen Âge, il bénéficia de la protection de la Couronne après la Reconquête, mais à la fin du 14ᵉ s., il fut investi par les chrétiens qui transformèrent toutes les synagogues en églises.
Vous pouvez flâner au hasard ou suivre notre circuit. De la plaza del Triunfo, en sortant de la cour des Pavillons, prenez tout de suite à droite la **calle Romero Murube** qui longe l'alcázar jusqu'à la jolie plaza de la Alianza, toute en fleurs et en recoins. Vous pouvez continuer à longer les murailles en prenant à droite une rue qui se rétrécit peu à peu en une charmante ruelle sinueuse et débouche sur la **plaza de Doña Elvira**, l'une des places les plus typiques du quartier avec ses bancs d'azulejos et sa petite fontaine de pierre sous les orangers. Puis, par la calle Gloria, rendez-vous à la coquette **plaza de los Venerables** où se trouvent l'hospice qui lui a donné son nom et l'Hosteria del Laurel, théâtre des frasques de don Juan.

## HOSPITAL DE LOS VENERABLES - CENTRO VELÁZQUEZ★

***F5*** *Plaza de los Venerables 8 - ✆ 954 562 696 - www.focus.abengoa.es - jeu.-sam. 10h-14h ; 24 et 31 déc. 10h-14h - fermé 1er janv., Jeu. saint, 25 déc. - 8 € (-12 ans gratuit) - gratuit dim. 16h-20h.*
Fondé en 1675, l'hospice destiné aux prêtres âgés – et donc vénérables – fut conçu par Leonardo de Figueroa. C'est l'un des meilleurs exemples du baroque sévillan du 17ᵉ s. avec un beau patio décoré d'azulejos du 19ᵉ s. Il est aujourd'hui le siège de la fondation culturelle Focus et du Centro Velázquez.
L'**église★** à nef unique est ornée de **fresques★★** de Valdés Leal et de son fils Lucas Valdés ; admirez dans le chevet *La Dernière Cène*, par Valdés fils, et, au-dessus, *L'Apothéose de saint Ferdinand*, par Valdés père.
Les azulejos recouvrent le superbe **escalier principal★**, sous une coupole elliptique baroque décorée de stucs et du blason papal. On retrouve l'aigle bicéphale de la maison d'Autriche, le blason royal de Castille et León, et les colonnes d'Hercule, symbole de l'Andalousie, trois motifs répétés tout du long de l'escalier.
**Centro Velázquez** – Parmi la quinzaine d'œuvres exposées figurent trois tableaux de Velázquez

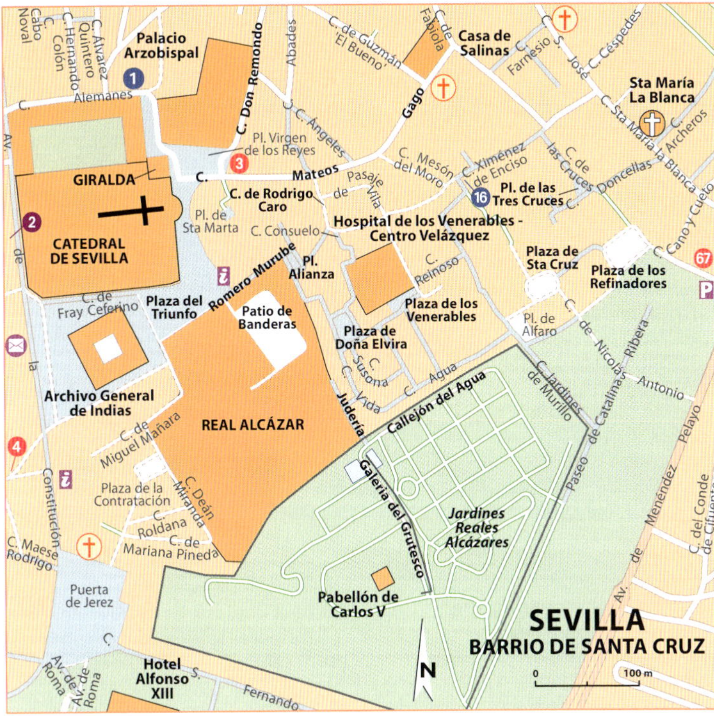


| SE RESTAURER | | PRENDRE UN VERRE | | SHOPPING | |
|---|---|---|---|---|---|
| Bodeguita Casablanca | 4 | EME Catedral Hotel | 1 | Póster Felix | 2 |
| Cervecería La Giralda | 3 | Las Teresas | 16 | | |
| Vinería San Telmo | 67 | | | | |

(1599-1660). Ses vues de Séville mettent en lumière la beauté et le dynamisme de la ville où ce grand maître de la peinture espagnole passa sa jeunesse avant de rejoindre la cour royale de Madrid, en 1624.

Suivez à gauche le **callejón del Agua**, qui longe la muraille le séparant des jardins de l'alcázar. Ne manquez pas de jeter un coup d'œil au patio du nº 2, qui passe pour être le plus beau de Séville.

Continuez jusqu'à la plaza de Alfaro qui ouvre au sud sur les luxuriants **jardins de Murillo** *(hiver : 8h-22h ; été : 8h-0h)*. De là, on accède à la **plaza de Santa Cruz★** où s'élève la croix de la Serrurerie (Cerrajería, 17e s.). C'est ici que fut enterré le peintre Bartolomé Estebán Murillo (1618-1682). Au n° 8 de la calle Santa Teresa, la **casa de Murillo** *(lun.-vend. 9h-15h - gratuit)*, où le peintre sévillan vécut ses dernières années, accueille l'**Institut andalou du flamenco**, doté d'un beau patio et d'une salle d'expositions.

## IGLESIA DE SANTA MARÍA LA BLANCA★

***F5** Calle Santa María la Blanca 5 - ✆ 954 410 593 - gratuit.*
De l'église du 14e s., bâtie sur une ancienne synagogue, il ne reste que le portail gothique. Le reste est une reconstruction du 17e s. La sobriété de l'extérieur cache un intérieur baroque d'un foisonnement exubérant. Les voûtes en berceau et la coupole de la croisée sont revêtues d'un décor de stuc tout en masses arrondies.



## LE LONG DU FLEUVE (QUARTIERS EL ARENAL ET TRIANA)★★

Promenez-vous sur les bords du Guadalquivir, surplombé par la **tour de l'Or★** (Torre del Oro - 13e s. - ***D6***). Vous découvrirez les quartiers de l'Arenal sur la rive droite, et du Triana bohème sur la rive gauche. C'est là que se trouvent les arènes blanc jaune de Séville, **plaza de Toros de la Real Maestranza★** (***D5***).

## HOSPITAL DE LA CARIDAD★

***E5** Calle Temprado 3 - ✆ 954 223 232 - www.santa-caridad.es - lun.-sam. 10h30-19h, dim. 10h30-12h30, 14h30-19h (fermé certains sam. lors de mariages) - 8 € (audioguide gratuit).*
L'hôpital de la Charité fut fondé en 1667 par don Miguel de Mañara (1627-1679). Cette **église★★** baroque à nef unique recèle des joyaux artistiques sur les thèmes de la mort et de la charité. Dès l'entrée de l'édifice, on est saisi d'effroi car, sous la tribune, deux **tableaux★★** de Valdés Leal se distinguent par leur réalisme cru. Dans la nef, les **œuvres★** de Murillo illustrent le thème de la charité. Et le maître-autel est orné d'un superbe

### *Séville en liesse*

*Dans les rues de Séville, la Semaine sainte, qui s'ouvre par le dimanche des Rameaux, célèbre dans une immense ferveur populaire la Passion du Christ. Les processions rassemblent plus de cinquante Hermandades ou Cofradías, des confréries généralement corporatistes. Le sommet de ces célébrations se déroule aux premières heures du Vendredi saint, lors de la Madrugá, quand défilent les processions les plus célèbres ou les plus populaires. Dans chaque procession, deux pasos, des plates-formes richement décorées, portent, pour l'une, une sculpture ou une image du Christ crucifié, pour l'autre, une représentation de la Vierge.*

**retable** baroque, dont le panneau central comprend un groupe sculpté représentant la **Mise au tombeau★★★** ; les visages empreints d'émotion contenue ont été admirablement traités par l'artiste. Admirez les magnifiques anges porteurs de lampes de chaque côté du retable.

## CENTRO CERÁMICA TRIANA★

***C5*** Ce *barrio* populaire abrite depuis le 15e s. des ateliers de potiers et de céramistes, aujourd'hui concentrés autour de la calle Alfarería. C'est aussi le berceau des toreros et des chanteurs de flamenco. Il est devenu peu à peu un lieu touristique à la mode.
Empruntez le pont Isabel II qui offre un magnifique panorama des deux rives du Guadalquivir. Au bout du pont, à droite, la petite **chapelle del Carmen** est surnommée « el Mechero » (« le Briquet ») en raison de sa forme.

# AUTOUR DU PARC DE MARÍA LUISA★

## PLAZA DE ESPAÑA★★

***FG7*** C'est l'architecte sévillan **Aníbal González** (1876-1929) qui est à l'origine de cette immense place en demi-cercle de 200 m de diamètre, véritable hommage à la technique de l'azulejo, et parcourue par un canal. Le bâtiment qui l'entoure se compose d'une longue galerie à arcades encadrée par deux tours de 80 m de haut. On peut monter dans la galerie au 1er étage, décorée d'azulejos et de plafonds *artesonados*.
Sur la place, 58 bancs sont logés dans des niches décorées d'azulejos, illustrant des épisodes historiques de chaque province d'Espagne, et de ravissants petits ponts en azulejos enjambent le canal.

## PARQUE DE MARÍA LUISA★

***F7-8*** *Été : 8h-0h; hiver : 8h-22h - accès libre.*
Ce parc, l'un des lieux de prédilection des Sévillans, fut offert à la ville par l'infante María Luisa, duchesse de Montpensier. Il faisait partie des jardins du palais de San Telmo. **Jean Claude Nicolas Forestier** (1861-1930) lui donna son aspect actuel. Ce merveilleux jardin romantique à la végétation variée est agrémenté de bassins, de tonnelles et de gloriettes.

## MUSEO ARQUEOLÓGICO★

***FG8*** *Plaza de América - ✆ 955 120 632 - www.museosdeandalucia.es - ♿ - juil.-août : mar.-dim. 9h-15h ; sept.-juin : mar.-sam. 9h-21h, dim. 9h-15h - fermé lun., 1er et 6 janv., 1er Mai, 24, 25 et 31 déc. - 1,50 € (gratuit pour les ressortissants de l'UE).*
Installé dans le pavillon plateresque de l'Exposition de 1929, ce musée archéologique est l'un des plus riches d'Espagne. Ne manquez pas le **trésor d'El Carambolo★** (7e-6e s. av. J.-C.), bel ensemble de bijoux en or d'influence phénicienne à la modernité surprenante; voyez également la déesse Astarté (8e s. av. J.-C.). Cette petite

figurine de bronze qui comporte une inscription est l'un des plus anciens témoignages d'écriture de la péninsule. L'**étage principal** est consacré à la **collection romaine★**, qui provient en majeure partie des fouilles d'Itálica. De magnifiques sculptures et mosaïques montrent l'importance prise par la civilisation romaine en Andalousie.

## EL CENTRO★

***Plan de quartier** p. 28-29.*
Il englobe des quartiers qui furent profondément remaniés à partir du 16e s. Les riches aristocrates de l'époque y bâtirent des palais. Les églises, les couvents et les chapelles, qui renferment quelques-uns des chefs-d'œuvre du baroque sévillan, voisinent avec des rues commerçantes animées.
L'église de la **Magdalena** (***D4***), calle Sant Pablo, possède un magnifique **intérieur★**. Sa **chapelle de la Quinta Angustia★** est ornée de tableaux de saints par Valdés Leal.

> ***Séville, une ville influente***
> *Patios fleuris, placettes ombragées, façades délicates dessinent un creuset chaleureux et festif où il fait bon vivre à l'andalouse. Volontiers mythifiée dans la littérature, à travers des personnages comme Carmen et don Juan, Séville attire pour ses splendides monuments chrétiens et musulmans. D'avril à juin et en septembre, se succèdent festivals de musique, de flamenco, processions de la Semaine sainte, et défilés d'attelages lors de la Feria. Que de moments forts !*



## AYUNTAMIENTO★

**(Hôtel de ville)**
***E4-5*** *Plaza Nueva 1.* Sur la plaza Nueva s'élève la façade ouest de l'hôtel de ville, de style néoclassique, réalisée au 19e s. et d'une grande sobriété ; à l'opposé, la ravissante **façade est★★** (16e s.) de Diego de Riaño, qui donne sur la **plaza de San Francisco★**, relève, elle, du plus pur style plateresque.

## PALACIO DE LEBRIJA★

***E4*** *Calle Cuna 8 - ✆ 954 227 802 - www.palaciodelebrija.com - juil.-août : lun.-vend. 9h-15h, sam. 10h-14h ; sept.-juin : lun.-vend. 10h30-19h30, sam. 10h-14h, 16h-18h, dim. 10h-14h - fermé 1er janv. et 25 déc. - 6 € (1 étage) ; 9 € (2 étages).* Le palais porte partout l'empreinte de la dernière propriétaire à l'avoir habité, la comtesse de Lebrija (1851-1938). Le **rez-de-chaussée**, qui s'organise autour d'un grand patio Renaissance aux élégants arcs dentelés, comporte d'exceptionnelles **mosaïques romaines★** en provenance des fouilles d'Itálica. L'**escalier★** est une pure merveille, recouvert d'azulejos des 16e et 17e s.
Le 1er étage est accessible uniquement dans le cadre d'une visite guidée *(25mn)*. Il présente une extraordinaire **collection de mobilier et d'œuvres d'art★**. À noter, parmi les tableaux, la présence d'un très beau Bruegel.

## IGLESIA COLEGIAL DEL SALVADOR★

***E4*** *Plaza del Salvador - ✆ 954 211 679 - juil.-août : lun.-sam. 10h-17h,*

*dim. 15h-19h ; sept.-juin : lun.-sam. 11h-17h30, dim. 15h-19h - 4 €, gratuit avec le billet d'entrée de la cathédrale daté du même jour.* Cette église s'élève majestueusement sur un côté de la place, à l'endroit même de l'ancienne Grande Mosquée qui fut rasée en 1671. Les travaux de construction durèrent jusqu'en 1712 et de nombreux artistes intervinrent dans son édification. L'élégante façade baroque mêle la brique rose et la pierre.
L'intérieur, chef-d'œuvre du baroque sévillan, frappe par sa monumentalité et son exubérante décoration.
On y trouve les plus beaux **retables baroques★★** de la ville – tous du 18e s. Dans le bras gauche du transept, Cayetano Acosta a conçu la porte de la **chapelle du Saint-Sacrement** comme un gigantesque retable dédié à l'exaltation de la Sainte Hostie. Dans la chapelle même, un riche retable d'argent présente le Christ de la Passion (17e s.), chef-d'œuvre de Juan Martínez Montañés.

## MUSEO DEL BAILE FLAMENCO★

***F4*** *Calle Manuel Rojas Marcos 3 - ✆ 954 340 311 - www.museoflamenco.com - 10h-19h - 10 € (enf. 6 €) - spectacle (1h) à 17h, 19h et à 20h45 : 22 € (enf. 12 €) - billet combiné musée et spectacle : 26 € (enf. 15 €) - réservation conseillée.* Installé dans un bel édifice du 18e s. à l'architecture revisitée, il accueille un espace contemporain réparti autour d'un agréable patio. La visite est basée sur une découverte interactive d'archives sonores et photographiques, complétée par une filmographie. À l'aide d'écouteurs, les commentaires *(en français)* vous font entrer dans l'univers de la danse flamenco.

## CASA DE PILATOS★★

***FG4*** *Plaza de Pilatos 1 - ✆ 954 225 298 - www.fundacionmedinaceli.org/monumentos/pilatos - avr.-oct. : 9h-19h ; nov.-mars : 9h-18h - rdc 8 €, l'ensemble 10 € (gratuit lun. 15h-18h pour les ressortissants de l'UE).* Construit à la fin du 15e s., ce palais, où se mêlent les styles mudéjar, Renaissance et gothique flamboyant, fut achevé au début du 16e s. Le patio évoque un élégant palais arabe avec ses arcs aux stucs finement ciselés et ses splendides **azulejos★★** (16e s.) aux reflets métalliques. Si plusieurs des statues qui décorent le patio sont romaines, la plus remarquable est celle de **Pallas Athéna**, une œuvre grecque du 5e s. av. J.-C. À un angle du patio, un **escalier★★** orné d'azulejos se déroule sous une superbe **voûte★** plaquée de bois. Attardez-vous dans le **grand jardin★★**, où les loggias italiennes abritent des sculptures Renaissance.

# SAN LORENZO

## MUSEO DE BELLAS ARTES★★★

***D4*** *Plaza del Museo 9 - ✆ 955 542 942 - www.museosdeandalucia.es - ♿ - de mi-juin à mi-sept. : mar.-dim. 9h-15h30 ; de mi-sept. à mi-juin : mar.-sam. 9h-20h30, dim. et j. fériés 9h-15h30 - fermé lun., 1er et 6 janv., 1er Mai, 24, 25 et 31 déc. - 1,50 € (gratuit pour les ressortissants de l'UE).*

**SE RESTAURER**
Bar Manolo................ 17
La Bodega de la Alfalfa...... 18
Perro Viejo ................ 62

**PRENDRE UN VERRE**
Cafetería Picatoste.......... 6
Ochoa...................... 4

Installé dans l'ancien couvent de la Merced (17e s.), le musée expose des œuvres du Moyen Âge au 20e s., dont une magnifique collection d'œuvres de la prestigieuse école sévillane de peinture. Parmi les œuvres d'art médiévales, voyez le **Saint Jérôme pénitent★★**. L'ancienne église, ornée de fresques du 18e s. de Domingo Martínez, offre un cadre

**SHOPPING**
Abanicos de Sevilla ......... 7
Convento de San Leandro .. 4
El Corte Inglés ............. 6

**SORTIR**
Garlochí.................... 5
Urbano Comix............. 4

incomparable à cette extraordinaire collection d'œuvres de **Murillo★★★**. À l'étage, une salle est consacrée à **Francisco de Zurbarán** (1598-1664). Personne n'a été capable comme lui de rendre le traitement des drapés, que ce soit dans *Le Triomphe de saint Thomas d'Aquin*, ou le splendide brocart de velours de *Saint Ambroise*.

L. Vallecillos/age fotostock

*Le Metropol Parasol.*



## METROPOL PARASOL★★

***E3-4*** *Pl. de la Encarnación - www.metropolsevilla.com.*
La plaza de la Encarnación est ombragée par cet étonnant bâtiment (2011), nouveau symbole de la ville conçu par l'architecte **Jürgen Mayer H.** Entièrement en bois, il mesure 150 m sur 70 m pour une hauteur de 26 m. Les Sévillans, volontiers gouailleurs, y voient des champignons plutôt que des parasols et ont rebaptisé le lieu **Las Setas de la Encarnación** (*seta* signifiant champignon)!
Il offre une agréable **promenade panoramique★** offrant de belles vues à 360º sur les toits de la ville *(dim.-jeu. 10h-22h30, vend.-sam. 10h-23h - 3 €),* et un musée **Antiquarium** destiné à mettre en valeur les vestiges archéologiques d'époque romaine et arabe *(✆ 955 471 580 - antiquarium.icas-sevilla.org - mar.-sam. 10h-20h, dim. 10h-14h - 2 €).*

# AUTOUR DE LA MACARENA★

La basilique de la Macarena se dresse tout à fait au nord du centre-ville. Les quartiers populaires qui l'entourent sont empreints d'un charme bohème.

## CONVENTO DE SANTA PAULA★

***G3*** *Calle Santa Paula 1 - ✆ 954 536 330 - www.santapaula.es - tlj sf lun. 10h-13h (boutique : 10h-13h, 17h-18h30) - 4 €.*
Fondé à la fin du 15e s., c'est l'un des plus beaux couvents de Séville. Son élégant clocher-mur (17e s.) se découpe sur les maisons environnantes. Après avoir franchi la porte de l'**église★**, on se trouve sur un parvis qui donne sur la **façade★** ornée d'azulejos, achevée en 1504 par Niculoso Pisano. Malgré le mélange des styles, mudéjar pour la brique, gothique pour les arcs et Renaissance pour les médaillons et le parapet, le résultat est tout à fait harmonieux. *Ouverte uniquement aux heures de messe, tlj à 8h. Le billet d'entrée au musée inclut la visite de l'église.*
L'**intérieur★** à nef unique est couvert d'un plafond *artesonado* du 17e s.
Le retable principal (début du 18e s.) abrite une statue de sainte Paule provenant d'un retable plus ancien.
**Musée★** – *Tlj sf lun. 10h-13h - 3 € (inclut la visite de l'église).* Trois salles occupent des dépendances, pourvues

parfois de plafonds *artesonados*. Elles exposent des objets liturgiques, des toiles de Ribera, Pedro de Mena, Alonso Cano, et une **crèche baroque**★★ en terre cuite du 18e s. de plus de 1 m de haut.

**Bon à savoir** – Il serait dommage de quitter les lieux sans s'offrir l'une des confitures dont les nonnes se font une spécialité *(10h-13h30, 16h30-19h)*.

## IGLESIA DE SAN LUIS DE LOS FRANCESES★

***F3** Calle San Luis 37 - mar.-dim. 10h-14h, 16h-20h - fermé Jeu. et Vend. saints, 24, 25 et 31 déc., 1er et 6 janv. - 4 €.*

Cette église est l'un des meilleurs exemples de l'architecture baroque sévillane. L'intérieur au plan en forme de croix à branches égales surprend par l'exubérance de sa décoration : les peintures murales de la **coupole**★ sont de Lucas Valdés.

## BASÍLICA DE LA MACARENA★

***F2** Calle Bécquer 1 - ✆ 954 901 800 - www.hermandaddelamacarena.es - basilique : lun.-sam. : 9h-14h, 17h-21h, dim. et j. fériés 9h30-14h, 17h-21h (fermé 1er et 6 janv., 25 déc.); musée : 9h-13h30, 17h-20h30 (fermé 4 semaines autour de la Semaine sainte) - 5 € (6 € avec audioguide).*

Sur le maître-autel de l'église trône la statue la plus célèbre de Séville, la **Macarena**★, l'une des représentations de la Vierge protectrice de la ville, ciselée au 17e s. par un artiste inconnu. Les Sévillans affirment que seul un ange a pu être à l'origine d'un tel chef-d'œuvre... La beauté du visage en larmes déclenche la ferveur populaire lors de la procession du Vendredi saint où plus de 2000 pénitents l'accompagnent. Montez à l'étage pour voir le **camarín**★★ de la Macarena et vous retrouver dans la niche de la Vierge, juste derrière sa statue. Le petit **trésor-musée** expose deux impressionnants **pasos**★ du Christ et de la Vierge sur lesquels sont portées les statues lors des processions de la Semaine sainte.

# AUX ALENTOURS DE SÉVILLE

## ITÁLICA★

*À 9 km au nord-ouest par l'A 66-E 803. Suivre la direction Santiponce.*
*Avda de Extremadura, 2 - ✆ 600 141 767 - www.museosdeandalucia.es - du 1er avr. au 15 juin : mar.-sam. 9h-20h, dim. 9h-15h; du 16 juin au 15 sept. : mar.-dim. 9h-15h30; du 16 sept. au 31 mars : mar.-sam. 9h-17h30, dim. 9h-15h30 - fermé lun. - 1,50 €.*

La *nova urbs* (nouvelle ville) fut implantée sur la colline au début du 2e s. par l'empereur **Hadrien** (76-138). Les vestiges laissent apparaître le plan rigoureux de cette ville, abandonnée cent cinquante ans après son apogée. Entourée de remparts, elle comptait de nombreux édifices et des demeures privées dont les **mosaïques**★ laissent deviner le raffinement. L'**amphithéâtre**★★ de 25000 places est l'un des plus grands de l'Empire romain. De forme elliptique, il est assez bien conservé et on peut voir une partie des gradins et des galeries aménagées sous l'arène.

# La Campiña★★

***Entre Séville et Cordoue, le long du Guadalquivir, s'étend une région vallonnée, la Campiña, où les oliveraies, les champs de blé et les vignobles composent une belle mosaïque agricole. Les cités qui s'y succèdent témoignent de trois mille ans d'histoire, notamment Carmona, qui constitue un bon point de départ pour sillonner la région.***

▶**Accès :** La Campiña se situe à l'est de Séville, Carmona est à 35 km.
***Plan détachable - carte routière BC2, C3.***
▶**Conseil :** Évitez de venir en été si vous ne supportez pas les fortes chaleurs. Préférez le printemps et l'automne. Comptez 1/2 journée de visite pour Carmona.
*« Nos adresses » p. 110, 118 et 130.*



## CARMONA★★

***B2*** *Alcázar de la Puerta de Sevilla (à l'entrée de la ville en venant de Séville) - turismo.carmona.org.*
Son nom évoque Hammon, dieu solaire des Carthaginois, lesquels érigèrent en cet endroit une place forte. Elle connut à l'époque romaine un développement considérable, puis sous les Arabes qui dotèrent la ville de deux alcázars. Après la Reconquête, Carmona connut un âge d'or aux 16e et 17e s. avec l'édification de palais, maisons nobles et édifices religieux.

### ALCÁZAR DE LA PUERTA DE SEVILLA★

*Pl. de Blas Infante - turismo.carmona.org - juil.-août : lun.-vend. 9h-15h, w.-end 10h-15h ; reste de l'année : lun.-sam. 10h-18h, dim. 10h-15h - 2 €.*
Le double arc en fer à cheval de la porte est l'un des vestiges de la forteresse de la ville basse aménagé par les Arabes.

Sur l'élégant paseo del Estatuto, l'église **St-Pierre★** (15e s.), remaniée à l'époque baroque, est ornée d'un beau **clocher★**. La nef de l'église **St-Felipe★** est couverte d'un **plafond artesonado★**, orné d'éléments héraldiques.
*Jeu. et sam. 9h30-15h - 1 €.*

### IGLESIA DE SANTA MARÍA LA MAYOR★

*954 191 482 - mar.-vend. 9h30-14h, 18h30-20h (17h-19h en hiver), sam. 9h30-14h, 19h-20h30, dim. 10h-12h, 19h-20h30 - fermé dim. - 3 €.* Cette grande église gothique (15e s.), remaniée dans les styles Renaissance et baroque, s'élève dans la vivante calle San Ildefonso sur l'emplacement de la grande mosquée, dont subsiste la cour des Orangers. À voir, le **calendrier wisigothique** (6e s.) sur le fût d'une colonne et un monumental **retable plateresque★** illustrant des scènes de la Passion sculptées avec la plus grande délicatesse.

A. Pistolesi/hemis.fr

*Nécropole romaine à Carmona.*



## CONVENTO DE LAS DESCALZAS★

*Plazuela del Marqués de las Torres - ✆ 954 142 102 - visite aux heures de culte.* Magnifique exemple du baroque sévillan (18e s.), au plan en croix latine.

## NECRÓPOLIS ROMANA★

*Avda Jorge Bonsor, 9 - ✆ 600 143 632 - www.juntadeandalucia.es - d'avr. à mi-juin : mar.-sam. 9h-20h, dim. 9h-15h ; de mi-juin à mi-sept. : mar.-dim. 9h-15h ; de mi-sept. à mars : mar.-sam. 9h-18h, dim. 9h-15h - fermé lun. - 1,50 €.*
Ce site archéologique (1er s.) est l'un des plus importants d'Andalousie. Plus de 300 tombes, des mausolées et des fours crématoires occupent pour la plupart des chambres funéraires voûtées. La plus surprenante est la **tombe de l'Éléphant**, qui doit son nom à une statue que l'on y trouva et qui comprend trois salles à manger et une cuisine.

# MARCHENA

**C2** *À 29 km au sud-est de Carmona.*
*ℹ Antiguo Torreón Almohade, calle de las Torres, 40 - www.turismodemarchena.org.*
Situé au cœur de la Campiña sévillane, ce gros bourg agricole est la cité natale de José Tejada Marín, alias **Pepe Marchena** (1903-1976), un célèbre et quasi légendaire *cantaor* qui révolutionna la pratique du flamenco.

## IGLESIA DE SAN JUAN BAUTISTA★★

*Pl. Cardenal Spínola, entrée par la calle Cristóbal de Morales - visite aux heures de culte (ouverture 30mn av. les messes).* De style mudéjar, cette église (1490) à la sobre façade est épaulée par un clocher dont le sommet est décoré d'azulejos. La profusion et la qualité des **œuvres d'art** qui ornent ses murs sont stupéfiantes. Dans le *presbiterio*, le somptueux **retable**★★★ peint et sculpté, illustrant des scènes de la vie du Christ, date du début du 16e s. Les **stalles**★ d'acajou et de cèdre furent sculptées au début du 18e s. par Jerónimo de Balbás. Dans la chapelle del Sagrario, trône un magnifique **retable sculpté**★★ (16e s.) de Roque Balduque et de Jerónimo Hernández. Remarquez au centre la curieuse disposition de la Cène.



## COLECCIÓN PARROQUIAL ZURBARÁN★★

*Calle Cristóbal de Morales - ✆ 955 321 010 - poste 175 (office de tourisme) - dans la sacristie de l'église de San Juan Bautista. Visite aux heures de culte - 2 €.* Neuf magnifiques toiles de **Francisco de Zurbarán** (1598-1664), peintre baroque de génie, y sont conservées.

## PARADAS

***B2*** *À 9 km au sud-ouest de Marchena.*
Ce village se trouvait sur la route des caravanes qui se rendaient à Séville, d'où son nom (*parada* signifie « arrêt »). On retiendra surtout l'église de **San Eutropio** et son **musée** exposant une splendide *Madeleine* du Greco.

## EL ARAHAL

***B2*** *À 6 km au sud-ouest de Paradas.*
Dans le quartier historique de ce paisible village d'origine arabe, les petites maisons blanches côtoient d'élégantes constructions néoclassiques et baroques. On pourra voir l'église de **Santa María Magdalena** (17e s.), qui conserve un bel ensemble d'ouvrages liturgiques et des pièces d'orfèvrerie, et l'église de **San Roque**, avec ses retables du 18e s.

## MORÓN DE LA FRONTERA

***C3*** *À 20 km au sud d'El Arahal.*
Cette bourgade agricole s'étend autour des ruines du château arabe. Les édifices les plus intéressants sont l'église de **San Miguel**, construction gothique au portail néoclassique, dont le bel intérieur présente des éléments décoratifs baroques ; l'église de **San Ignacio** (dite aussi « église de la Compañía » car elle avait été commandée au 18e s. par les jésuites), qui recèle un remarquable ensemble de peintures flamandes ; et enfin l'église de **San Francisco** (16e s.), bâtiment Renaissance pourvu de toiles du peintre baroque José de Ribera.

## OSUNA★

***C3*** *À 40 km à l'est de Morón de la Frontera.*
ℹ *Calle Sevilla, 37 - www.osuna.es.*
Bâtie sur un coteau, cette cité ibérique, aussi ancienne que Carmona, fut au 1er s. av. J.-C. le dernier refuge de Pompée, avant que César ne le batte définitivement à Munda. Reconquise en 1240, la ville

a gardé de la Renaissance et de l'âge classique un patrimoine architectural et artistique du plus grand intérêt. Sur la butte, d'où l'on jouit d'une vue magnifique, se dressent les principaux monuments d'Osuna, bâtis aux 16e et 17e s., tandis que le centre historique recèle quant à lui quantité de **palais** et **demeures seigneuriales★★** baroques. Ne ratez pas la **tour de la Merced★** *(fermée au public)*, belle tour baroque construite par Alonso Ruiz Florindo.

## COLEGIATA★

*Pl. de la Encarnación - ✆ 954 810 444 - mai-sept. : mar.-dim. 10h-13h30, 16h-19h (juil.-sept. : fermé dim. apr.-midi) ; oct.-avr. : mar.-dim. 10h-13h30, 15h30-18h30 - fermé lun. - 3 €.* Au sommet de la colline, l'imposante collégiale de style Renaissance (16e s.) domine la ville. Son portail plateresque frappe par son décor raffiné. Les chapelles baroques contiennent de véritables chefs-d'œuvre : *Jésus le Nazaréen* de Morales, un *Christ de Miséricorde* de Juan de Mesa et **Le Calvaire★★** de José de Ribera. La sacristie, couverte d'un plafond *artesonado* agrémenté d'azulejos du 16e s., conserve des livres de chant grégorien (16e s.), ainsi que quatre **peintures★★** de Ribera : *Saint Jérôme, Les Larmes de saint Pierre, Le Martyre de saint Barthélemy* et *Le Martyre de saint Sébastien*, datées de 1616-1618. Surnommé le « Petit Escorial des Osuna », le **Panthéon ducal★★** fut construit en 1545 dans le style plateresque pour abriter les tombeaux des ducs d'Osuna. Il est précédé d'un charmant patio du même style. Située juste au-dessous du maître-autel de la collégiale, la petite chapelle compte trois nefs et un *coro*. Dans la **crypte**, sous la chapelle, se trouvent les tombeaux des principaux ducs d'Osuna et des fondateurs de la collégiale.

> ***Game of Thrones en Andalousie***
> *La saison 5 de « Game of Thrones » (« Le Trône de Fer »), l'une des séries qui a connu le plus de succès ces dernières années, a été tournée en partie dans les villes andalouses d'Osuna, Séville et Cordoue. À l'automne 2014, Osuna accueillit l'équipe de tournage, qui bouleversa pendant quelques semaines la vie paisible de cette belle ville ducale.*

## MONASTERIO DE LA ENCARNACIÓN★

*Pl. de la Encarnación - ✆ 954 811 121 - mai-sept. : mar.-dim. 10h-13h30, 16h-19h (juil.-août : dim. 10h-13h30) ; oct.-avr. : mar.-dim. 10h-13h30, 15h30-18h30 - fermé lun. - 2,50 €.* **Bon à savoir** – Les religieuses proposent à la vente des pâtisseries variées *(dulces de convento)*. Ce couvent de religieuses de l'ordre de la Merci fut fondé au 17e s. Le patio est orné d'un magnifique **soubassement★** d'azulejos de Séville (18e s.), dédié aux cinq sens.

## CALLE SAN PEDRO★

Outre les maisons nobles et une église qui méritent d'être mentionnées, la calle San Pedro compte deux superbes palais baroques du 18e s. Le premier, la **Cilla del Cabildo**, est l'œuvre d'Alonso Ruiz Florindo, à qui l'on doit aussi le clocher de l'église de la Merced. Les deux constructions présentent de singuliers pilastres au décor compartimenté. La porte est couronnée d'une étrange représentation de la Giralda. Le second, le **palais des marquis de la Gomera**, à l'intéressante corniche ornée de volutes et de vagues et au beau portail en pierre couronné d'un grand blason, héberge désormais un hôtel-restaurant.

## ESTEPA★

*C2 À 25 km à l'est d'Osuna.*
*Plaza del Carmen, 1 - www.estepa.es.*
Cette belle ville de la Campiña sévillane s'échelonne sur les versants du coteau de San Cristóbal. De la domination musulmane (jusqu'en 1241), Estepa conserve les vestiges de sa muraille édifiée aux 9e et 12e s.



### TORRE DE LA VICTORIA★

*Uniquement visite guidée (30mn) sur RV à l'office de tourisme - 2,20 €.* Élégant et svelte, ce beau clocher du 18e s., en brique et pierre, se dresse, solitaire, dans le ciel d'Estepa depuis qu'a disparu le couvent auquel il appartenait. Il a fini par devenir l'emblème de la ville.

### IGLESIA DEL CARMEN★

Admirez le **portail★** original, joyau du baroque andalou, de ce bâtiment du 18e s., qui a été réalisé en pierre et azulejos noirs. Les murailles arabes qui entouraient le **coteau San Cristóbal★** ont été reconstruites au 13e s. Des pans de muraille et quelques tours subsistent. Érigé au 14e s. dans l'ancien château, le **donjon** est une massive tour carrée qui s'élève entre les vestiges de la forteresse. Devant l'église et le château, l'esplanade appelée **Balcon de l'Andalousie** dispense de magnifiques **vues★★** sur la campagne et sur la tour de la Victoire.

## ÉCIJA★

*C2 À 38 km au nord d'Estepa.*
*Palacio de Benamaji (calle Elvira, 1) www.turismoecija.com.*
La première chose que vous remarquerez en arrivant à Écija, ce sont ses clochers. La ville connut un véritable essor au 18e s., époque fastueuse durant laquelle furent bâtis la plupart de ses monuments et maisons seigneuriales. Aujourd'hui, cette ville a la réputation d'être la plus chaude de la région : la température peut y atteindre les 50 °C en été. Cœur de la ville, on peut voir sur **plaza de España★** les vestiges des thermes romains. Remarquez Santa Bárbara, le couvent de San Francisco et les maisons adossées à son église. L'hôtel de ville conserve une **salle capitulaire★** ornée d'azulejos bleus du 19e s. peints à la main. Au sol, la mosaïque romaine du 2e s. provient de fouilles des environs. Autour de la place, les ruelles bordées de maisons blanches présentent un superbe ensemble d'**églises** et de **demeures nobiliaires★**.

### IGLESIA DE SAN JUAN★

*Pl. de San Juan - ✆ 653 182 770 mar.-sam. 10h-13h, 16h30-17h30, dim. 10h-13h30 - fermé lun. - 2 €.* Son clocher, le plus élégant de la ville, frappe par la délicatesse de sa décoration baroque mêlant avec subtilité briques et azulejos.

*Un des nombreux clochers d'Ecija.*

## IGLESIA DE SANTIAGO★

*Pl. de Santiago - ✆ 955 902 394 - lun.-vend. 9h-13h, sam. 19h15-20h, dim.10h-13h, 19h-20h - gratuit.*
Différents styles cohabitent dans cette église : le portail qui donne accès à un joli porche et la tour sont baroques; l'intérieur est une construction gothico-mudéjare avec des modifications postérieures. Le **retable★** du maître-autel illustre la Passion et la Résurrection du Christ.

## PALACIO DE BENAMEJÍ★

*Calle Cánovas del Castillo, 4 - ✆ 954 830 431 ou 955 902 919 - http ://museo.ecija.org - ♿ - mar.-vend. 10h-13h30, 16h30-18h30, sam. 10h-14h, 17h30-20h, dim. 10h-15h - fermé lun. - gratuit.*
Deux grosses tours-miradors encadrent cet élégant palais baroque (18e s.) qui accueille le **Musée municipal d'histoire**. L'ordonnancement du **portail★★** en marbre met en valeur un subtil jeu de courbes. Le musée présente les récentes fouilles menées sur la plaza de España : les étapes d'excavation, les découvertes de la piscine et du gymnase romains, du cimetière musulman et des œuvres d'art. On y admire l'impressionnante **Amazone d'Astigi★**. Cette pièce, haute de 2,11 m, est une copie romaine d'une statue grecque de Polyclète qui décorait le **temple d'Artémis** à Éphèse. Le rez-de-chaussée du palais mérite la visite pour son patio à galeries et son bel escalier.

## IGLESIA DE SANTA CRUZ - MUSÉE D'ART SACRÉ★

*Pl. Nuestra Señora del Valle - ✆ 954 830 613 - lun.-vend. 9h-13h, 16h-19h30, sam. 9h-13h, 17h-19h30, dim. 9h-13h, 18h-22h - gratuit.*
C'est un curieux ensemble où se mêlent ruines wisigothiques, mudéjares et Renaissance, et vestiges de lieux de culte antérieurs. La **tour Renaissance** est ornée d'azulejos. L'intérieur, de style néoclassique, sert de réceptacle à la statue de la **Vierge de la Vallée** (13e s.), patronne d'Écija. L'un des autels est un **sarcophage paléochrétien★** du 5e s. Dans le **musée**, on peut admirer une importante collection d'orfèvrerie *(accès au clocher et au musée lun.-vend. à 12h, w.-end à 10h30 - 2 €).*

# Cordoue★★★

**Córdoba**

***Plus tranquille que Séville ou Grenade, cette belle cité fut le véritable cœur de la Bétique romaine, avant de devenir l'une des capitales d'al-Andalus. Sa mosquée-cathédrale symbolise toutes les splendeurs de la civilisation hispano-musulmane. Mais la renommée de la Mezquita, répertoriée au Patrimoine universel par l'Unesco, ne doit pas masquer le cachet de la ville : ses églises et palais, le dédale de ses ruelles, jalonnées de patios exquis et de balcons fleuris, valent à eux seuls le détour.***

▶**Accès :** L'autoroute A 4-E 5 la relie à Écija (52 km au sud-ouest) et Séville (150 km), l'A 45 la relie à Málaga (163 km) et la N 432 rejoint Grenade (203 km au sud-est).
***Plan détachable - carte routière C2, plan de quartier p. 43 et plan de ville p. 46-47.***
▶**Conseil :** Comptez deux jours pour visiter la mosquée et ses alentours, les musées et les églises ferdinandines. Excursion possible à Medina Azahara ou au château d'Almodóvar del Río.
*« Nos adresses » p. 110, 118, 123, 126 et 132.*



## MEZQUITA-CATEDRAL★★★

***F1-2*** *Calle Cardenal Herrero, 1 - 957 470 512 - www.catedraldecordoba.es - ♿ - mars-oct. : lun.-sam. 8h30-9h30, 10h-19h (nov.-fév. 18h), dim. 8h30-11h30, 15h-19h (nov.-fév. 18h), dernière entrée 30mn av. la fermeture - 10 € ; audioguide 3,50 €. Visite nocturne « El Alma de Córdoba » 18 € (étudiant et enf. de + 7 ans 9 €).*

L'architecture de ce monument unique au monde, témoignage vivant de la foi musulmane, puis chrétienne, reflète son histoire fascinante.

La mosquée a été érigée entre le 8e et le 10e s. sur l'emplacement de l'église wisigothique de San Vicente. Après la Reconquête, elle est dédiée au culte catholique et, au 16e s., les chrétiens élèvent une cathédrale gothique à l'intérieur, en plein milieu de ses arcs, créant ainsi l'un des édifices les plus **originaux** qui soient au monde.

Son plan répond au schéma traditionnel de la mosquée arabe : enceinte rectangulaire crénelée, patio des ablutions, salle des prières et minaret. Dans un premier temps, les musulmans s'accommodèrent du partage de l'emplacement de l'église wisigothique de San Vicente avec les

### *Visite nocturne*

*La nuit tombe sur Cordoue et enveloppe la mosquée dont seule se détache la majestueuse tour illuminée. En introduction à la visite, on assiste, dans la cour des Orangers, à un magnifique spectacle audiovisuel retraçant l'histoire de ce monument unique. La visite qui suit, la musique et l'ambiance ne font qu'accentuer la beauté de ce lieu magique.*

chrétiens ; mais leur part de l'édifice s'avérant vite trop petite pour la prière du vendredi, Abd er-Rahman Ier (756-788) racheta la partie chrétienne et, vers 780, entreprit la construction d'une splendide mosquée de 11 vaisseaux ouvrant chacun sur la cour des Orangers. Une **innovation architecturale** unique en son genre la rendit célèbre : pour augmenter la hauteur sous plafond, on eut recours à la superposition de deux étages d'arcs. Les colonnes furent gratifiées d'un second étage avec des piliers.

Abd er-Rahman II (833-848) fut à l'origine du premier agrandissement de la mosquée en déplaçant le mur de la *quibla* jusqu'à l'endroit où se trouve la chapelle de Villaviciosa ; Al-Hakam II (961) le déplaça à nouveau et construisit l'actuel *mihrab* ; enfin, Al-Mansour (987) ajouta huit vaisseaux parallèles aux premiers (on les reconnaît au pavement de briques rouges) et lui donna ainsi ses dimensions définitives.

Après la Reconquête, lorsque le monument fut affecté au culte chrétien, on ferma les portes sur la cour des Orangers, à l'exception de la porte des Palmes. Le **minaret** d'Abd er-Rahman III, d'où le *muezzin* appelait les fidèles à la prière, fut absorbé par une tour baroque à la fin du 16e s. ou au début du 17e s. On peut désormais monter admirer la vue depuis ce magnifique belvédère *(9h30-13h30, 16h-17h30 ou 18h30 en mars-oct. - dép. ttes les 30mn par groupes de 20 pers. maxi. - 2 €. Interdit aux -7 ans et aux personnes âgées ou ayant des problèmes cardiaques car on monte à pied l'équivalent de 12 étages).*

À côté, donnant sur la rue, s'ouvre la **porte du Pardon**, de style mudéjar du 14e s., couverte de plaques de bronze repoussé.

Bordée de galeries sur trois de ses côtés, la **cour des Orangers** doit son nom aux orangers plantés par les chrétiens après la Reconquête ; tout son charme réside dans la simplicité de ces arbres et dans leur parfum. Comme la mosquée, elle a été agrandie selon les besoins. Avant de commencer leurs prières, les musulmans procédaient aux ablutions dans la fontaine pour purifier symboliquement leurs cinq sens. Certains jets sont d'époque, d'autres mudéjars, et la **citerne d'Al-Mansour** date du 10e s.

## MEZQUITA★★★

Le spectacle est stupéfiant ; on se retrouve plongé dans une forêt de colonnes et d'arcs dont le motif semble s'étendre à l'infini. Les arcs en fer à cheval d'inspiration wisigothique sont formés de claveaux alternativement blancs (pierre) et rouges (brique). Cette bichromie est mise en valeur par la tonalité gris et rose des colonnes.

La **visite** débute par la partie la plus ancienne de la construction. Près de l'entrée, une dalle vitrée permet de voir les vestiges de l'**église wisigothique de San Vicente,** avec ses mosaïques de tradition romaine.

Le vaisseau situé dans l'axe de la **porte des Palmes** est un peu plus large que les autres ; c'était la nef centrale de la mosquée primitive.

Les vaisseaux sont perpendiculaires au mur de la *quibla* qui, dans toutes les mosquées, doit être orienté vers

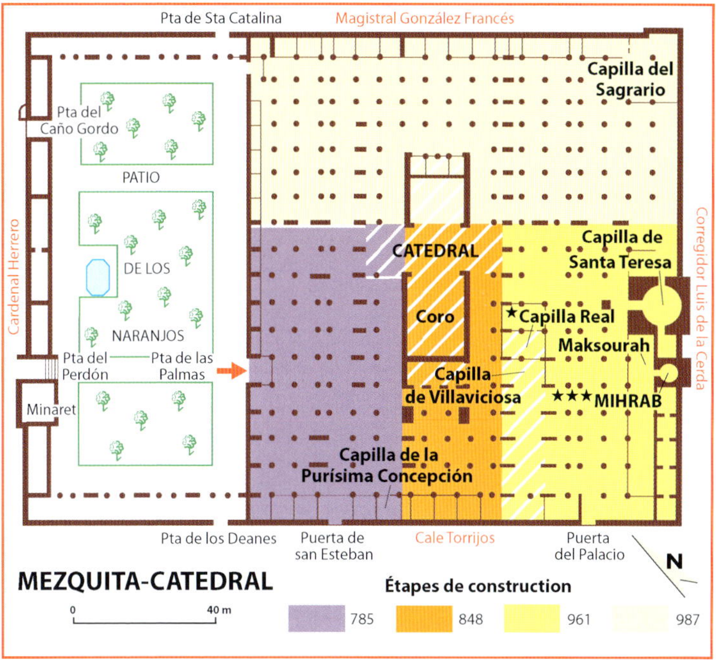


La Mecque. Mais, on ignore pourquoi, celui de la mosquée de Cordoue ne suit pas cette règle. C'est la partie la plus sombre de la mosquée.
La construction d'**Abd er-Rahman Ier** arrive jusqu'au mur de la cathédrale. **Abd er-Rahman II** (833) rasa le mur de la *quibla* et prolongea les 11 vaisseaux vers le sud. Il conserva le même système d'arcs, mais la décoration devint de plus en plus raffinée. C'est dans cette zone, en grande partie détruite, que fut plus tard érigée la cathédrale. L'extension d'**Al-Hakam II** est la plus somptueuse. Elle prolonge la précédente vers le fleuve jusqu'aux limites actuelles.
Le **mihrab**★★★, une merveille, reprend des éléments de décoration de l'époque d'Abd er-Rahman II. On fit appel à des artistes byzantins pour réaliser les mosaïques qui décorent son arc d'entrée et la superbe **coupole**★★ qui le précède. Les nervures des trois coupoles de la **maksourah** – espace réservé au calife –, qui reposent sur un réseau d'arcs polylobés, s'entrecroisent pour former un polygone central.

La dernière extension fut l'œuvre d'**Al-Mansour**, mais n'apporta aucune innovation d'intérêt. La proximité du fleuve ne permettant plus la construction vers le sud, elle se fit donc vers l'est, avec un ajout de huit nouveaux vaisseaux.

## CATEDRAL★

Après la Reconquête, afin de construire une église, on élimina quelques colonnes de l'extension d'Al-Hakam II et on couvrit cet espace d'un plafond à caissons gothique soutenu par des arcs brisés. À ses côtés, on construisit au 14e s. la **chapelle royale**★ afin d'en faire une sépulture royale, décorée de stucs mudéjars en harmonie avec le style général. Au 16e s., malgré l'opposition du chapitre, l'évêque Alonso Manrique obtint l'autorisation d'élever une cathédrale au centre de la mosquée. En dépit du talent des architectes, quand **Charles Quint** vit le résultat pour la première fois, il ne put s'empêcher de s'exclamer : « Vous avez détruit ce que l'on ne voit nulle part pour construire ce que l'on voit partout. » Il avait raison; malgré la beauté et la richesse de la cathédrale, c'est la mosquée qui impressionne. Les différents styles des 16e et 17e s. s'y mêlent : arcs et voûtes hispano-flamandes, coupole Renaissance, voûte du chœur et maître-autel baroques. À signaler, les deux **chaires**★★ de Michel de Verdiguier, en acajou, marbre et jaspe.



Le **chœur** est spectaculaire. Les superbes **stalles**★★ baroques en acajou sculpté sont l'œuvre de Pedro Duque Cornejo (vers 1750). À signaler aussi les deux orgues des 17e et 18e s.

### *Capilla del Sagrario*★

*Horaires d'ouverture décalés.* Elle fut construite en 1578 quand le quartier de la Judería eut besoin d'une paroisse. Ses voûtes et ses arcs, en continuation avec la mosquée, sont recouverts d'une profusion de peintures murales. Elle possède sa propre entrée.

# LE QUARTIER DE LA MOSQUÉE ET LA JUDERÍA★★

## TORRE DE LA CALAHORRA - MUSEO VIVO DE AL-ANDALUS★

**F2** *Puente Romano - ✆ 957 293 929 - www.torrecalahorra.com - mai-sept. : 10h-14h, 16h30-20h30 (multivision à 10h30, 11h30, 12h30, 17h, 18h et 19h); oct.-avr. : 10h-18h (multivision à 11h, 12h, 13h, 15h et 16h) - 4,50 €.*

À la pointe du pont, cette forteresse arabe était à l'origine composée de deux tours reliées par un arc. Au 14e s., Henri II de Castille la fit agrandir et l'arc fut bouché. Elle servit de prison pour la noblesse, de caserne et même d'école. Elle héberge aujourd'hui un **musée audiovisuel** qui retrace l'histoire de Cordoue à l'époque de grande prospérité culturelle, artistique, philosophique et scientifique que fut le califat. Les trois grandes cultures chrétienne, musulmane et juive qui marquèrent l'histoire de la cité et purent un certain temps coexister, y sont représentées par le roi Alphonse X de Castille, et les savants et philosophes

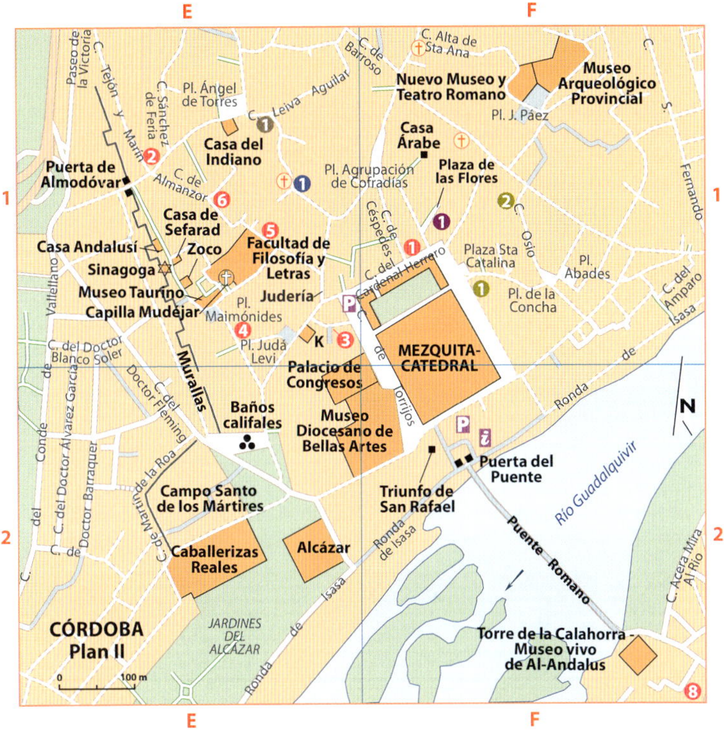


**SE RESTAURER**
Bodega Mezquita, Vinos y Tapas ........ 1
Casa Bravo ........ 2
Casa Mazal ........ 4
El Choto ........ 6
El Churrasco ........ 5
Miguelito ........ 8
Taberna y Vinoteca Ordóñez ........ 3

**PRENDRE UN VERRE**
Salón De Té ........ 1

**SHOPPING**
Meryan ........ 1

**SORTIR**
Tablao Flamenco El Cardenal ........ 1

**SE LOGER**
Hostal Osio ........ 2
Hotel Mezquita ........ 1

**Galería de la Inquisición....K**

Maimonide, Averroès et Ibn Arabi. On y trouve de magnifiques **maquettes★** de la mosquée dans son aspect du 13e s. et de l'Alhambra de Grenade. La salle 8 présente de jolies **reconstitutions★** à petite échelle de la vie de l'époque à travers des lieux symboliques comme la mosquée, la synagogue, l'église chrétienne ou encore le souk.
De la terrasse, la **vue★** sur la ville et sur les anciens moulins est superbe.

## LA JUDERÍA★★

**E1** Ruelles blanches, portes entrouvertes sur des patios fleuris, grilles ouvragées et bars typiques, il est impossible de résister au charme du quartier juif.

## CASA DE SEFARAD★

**E1** *À l'angle des calles Judíos et Averroes - ✆ 957 421 404 - www.casadesefarad.es - ♿ - 11h-19h ; visite guidée - 4 €.* Ce centre culturel dédié à la mémoire juive séfarade propose une exposition permanente aménagée dans cinq salles autour d'un patio *(explications en français)*. L'une est consacrée à la vie quotidienne de femmes chrétiennes, juives, musulmanes, les autres à l'histoire de la Judería, de ses traditions et de ses fêtes.

### Les patios cordouans

*Cordoue s'enorgueillit de ses patios fleuris : le premier concours de patios remonte à 1921 et la manifestation est devenue annuelle en 1933. Héritage à la fois de la maison hispano-romaine et de l'époque arabe, la casa-patio cordouane a évolué jusqu'à la fin du 19e s. lorsque les demeures ont été partagées entre plusieurs familles, chacune ayant à cœur d'embellir la cour commune. Il est possible de visiter les patios lors du festival en mai, où une cinquantaine de patios privés sont ouverts au public.*

## SINAGOGA★

**E1** *Calle Judíos, 20 - ✆ 957 749 015 - ♿ - du 16 juin au 15 sept. : mar.-dim. 9h-15h ; du 16 sept. au 15 juin : mar.-sam. 9h-20h, dim. 9h-15h - fermé lun. - 0,30 €.* Avec celles de Tolède et d'Úbeda, elle est l'une des rares synagogues médiévales subsistant en Espagne. Érigée au début du 14e s. et de petite taille, elle prend la forme d'une pièce carrée ouverte d'un côté sur une tribune réservée aux femmes. Toute la partie supérieure des murs est couverte de plâtres mudéjars et d'inscriptions hébraïques.

## MUSEO ARQUEOLÓGICO PROVINCIAL★

**F1** *Pl. Jerónimo Páez, 7 - ✆ 957 355 517 - du 16 juin au 15 sept. : mar.-dim. 9h-15h ; du 16 sept. au 15 juin : mar.-sam. 9h-20h, dim. 9h-15h - fermé lun. - 1,50 €.*
Le plus grand musée archéologique d'Andalousie est installé dans le cadre exceptionnel du **palais Renaissance des Páez**, œuvre de Hernán Ruiz II (16e s.). Très dégradé, le palais est actuellement fermé pour des travaux de restauration. Pour l'heure et pendant la durée des travaux, c'est une nouvelle aile, de construction contemporaine, qui propose un parcours chronologique. Vous y verrez quelques pièces de

P. Giocoso/Sime/Photononstop

*Les patios fleuris de Cordoue.*



la très riche **collection romaine**★ : personnages sculptés (dont une belle Aphrodite agenouillée du 2e s.), bas-reliefs, sarcophages, chapiteaux, tambours de colonnes… L'époque califale est figurée par des chapiteaux (remarquez le chapiteau des Musiciens aux personnages décapités). Le niveau supérieur est consacré au thème de la vie quotidienne à Cordoue à travers les âges, avec entre autres un superbe pot de chambre d'époque almohade en céramique vitrifiée, une mosaïque romaine représentant Pégase, et le sarcophage sculpté en marbre d'un certain Ugnericus (6e s.).
Vous terminerez la visite en explorant le sous-sol où ont été exhumés les vestiges du **théâtre romain** de Cordoue.

## PLAZA DEL POTRO★

***Hors plan*** Tout en longueur, la place sur laquelle se vendaient autrefois chevaux et mules doit son nom à la statuette qui couronne la fontaine située à l'une de ses extrémités.
La **Posada del Potro**, si bien décrite par Cervantes dans *Don Quichotte*, accueille aujourd'hui le **centre flamenco Fosforito** (*✆ 957 476 829 - www.centroflamencofosforito.cordoba.es - du 16 juin au 15 sept. : mar.-sam. 8h30-15h, dim. 8h30-14h30 ; du 16 sept. au 15 juin : mar.-sam. 8h30-19h30, dim. 8h30-14h30 - gratuit*), ainsi nommé en hommage au prestigieux *cantaor* cordouan **Antonio Fernández**, dit Fosforito (né en 1932).

A
B
1
2
3
Torre de la Malmuerta
Palacio de la Diputación
JARDINES DE LA MERCED
Convento Sta Isabe
Cristo de los Faroles
Pl. de los Capuchinos
JARDÍN DE LA AGRICULTURA
Mausoleo Romano
JARDINES DE LA VICTORIA
PARQUE JUAN CARLOS I
S. Nicolás de la Villa
Pl. de las Tendillas
Templ Roman
Santa Victoria
La Trinidad
Museo Arqueológ Provinci
LA JUDERÍA
Puerta de Almodóvar
Facultad de Filosofía y Letras
MEZQUITA-CATEDRAL
Museo Taurino
Palacio de Congresos
Museo Diocesano de Bellas Artes
Alcázar
Caballerizas Reales
JARDINES DEL ALCÁZAR
S. BASILIO
Puente Romano
Torre de la Calahorra
Av. de America
Av. del Gran Capitán
Via Augusta
Av. de Medina Azahara
Av. de la República Argentina
C. de Concepción
C. Conde de Gondomar
C. Góngora
C. de los Reyes Católicos
Av. del Conde de Vallellano
Av. de los Custodios
Av. del Aeropuerto
Cam. de los Sastres
Paseo de la Victoria
C. de Doña Berenguela
C. Rafael de la Hoz Arderius
Av. de la Libertad
Av. de los Mozárabes
C. de Alhakén II
C. de Fray Luis de Granada
C. de la Bodega
C. de Manuel de Sandoval
C. del Conde de Robledo
C. José Cruz Conde
C. de Alfonso
C. de Eduardo Dato
C. Pérez de Castro
C. Sevilla
C. de Juan de Mena
C. del Alcalde Sanz Noguer
C. Vázquez Aroca
C. de los Omeyas
Bulevar de Hernán Ruiz
C. Villa de Rota
C. Albéniz
C. Antonio Maura
C. de Miguel Benzo
C. Marruecos
C. Maestro Priego López
C. de Don Lope de Sosa
C. de José María Valdenebro
C. Infanta Doña María
C. del Doctor Ruiz Maya
C. Virgen de la Salud
C. de Tomás de Aquino
C. del Escritor Azorín
C. Doctor Fleming
C. de Doctor Marañón
Puerta de Sevilla
Acera de Guerrita
C. de Francisco de Toledo
C. Músico Infantas
C. Tartesos
C. Llanos y Meras
C. Rosvit
C. Arfe
Callejón de la Guardia Civil
C. de Garellano
C. de la Morería
C. Uceda
C. de Cabrera
C. Obispo Fitero
C. Yeso
C. del Romero
C. de Torrijos
Ronda
C. Tejón y Marín
C. Sánchez de Feria
C. Valladares
C. Osario
C. del Caño
C. Lindo

**SE RESTAURER**
Taberna Salinas .............................. 7

**PRENDRE UN VERRE**
David Rico .............................. 2

**SHOPPING**
Couvent de Santa Isabel .................... 2

**SORTIR**
La Bulería .............................. 2

# LES ÉGLISES FERDINANDINES★

## IGLESIA DE SAN LORENZO★

*C1 Pl. de San Lorenzo.*
Cette église, bâtie à la fin du 13e s. dans un style gothique primitif, est l'une des plus belles de Cordoue. Son élégante et originale façade, qui présente une superbe **rosace★** délicatement ouvragée, est précédée, chose rare ici, d'un porche à trois arcades.
À l'intérieur, les voûtes des vaisseaux sont recouvertes d'un beau plafond mudéjar en *artesonado*. Quant à celles du chœur, elles sont purement gothiques. Remarquez dans le chevet quelques fresques du 14e s. et, dans une chapelle en bas à gauche, un beau **Christ en Croix** très vénéré, le Cristo del Remedio de las Ánimas (17e s.).



## PALACIO DE VIANA★★

*C1 Pl. de Don Gome, 2 - ✆ 957 496 741 - www.palaciodeviana.com - juil.-août : mar.-dim. 9h-15h ; reste de l'année : mar.-sam. 10h-19h, dim. 10h-15h - lun. 10h-15h (patios seult) - 8 €.*
Le palais de Viana a connu des agrandissements successifs entre le 14e et le 19e s. C'est un ensemble unique et surprenant de 6 500 m² environ, dont plus de la moitié est occupée par douze patios et un jardin. Le musée actuel était autrefois la demeure des marquis de Viana.
L'accès au palais se fait par un grand portail en angle composé de deux registres. Les **patios** illustrent parfaitement la tradition cordouane, mais sont cependant de qualité inégale. Il faut avant tout citer le romantique **patio de la Madama**, dans lequel un anneau de cyprès taillé protège une fontaine couronnée par la statue qui lui a donné son nom.
On ne peut visiter l'intérieur du palais qu'en suivant une visite guidée *(en espagnol uniquement)*. On retiendra le superbe escalier principal du 16e s., de style Renaissance, le plafond *artesonado* mudéjar de la même époque et le mobilier en parfaite harmonie. On peut voir de belles collections de porcelaines (17e-20e s.) et d'arquebuses, d'azulejos (236 pièces, 13e-19e s.), de cuirs repoussés et cordouans (15e-19e s.), de plats, de plateaux et de tapisseries.

## IGLESIA DE SANTA MARINA DE AGUAS SANTAS★

*C1 Pl. de Santa Marina.*
Elle fait partie des 14 églises ferdinandines édifiées au 13e s. lorsque Ferdinand III reconquit Cordoue.
La sobre **façade★**, divisée par quatre solides contreforts, met en valeur la beauté et la robustesse de la pierre.

## CRISTO DE LOS FAROLES★

*B1 Pl. de los Capuchinos.*
On croit atterrir au milieu de nulle part, sur cette place blanche, vide et un peu décrépite, cernée par les bâtiments du **monastère des Capucins**. En son centre, le Christ en Croix entouré de lanternes. Emblématique de Cordoue, il est l'objet d'une grande dévotion, comme le prouvent les fleurs et les bougies déposées à ses pieds. Réalisé en marbre blanc, il date de la fin du 18e s.

# AUX ALENTOURS DE CORDOUE

## MADINAT AL-ZAHRA★★

**(Medina Azahara)**
***Plan détachable - carte routière C2***
*À 10 km à l'ouest de Cordoue. ☏ 957 918 029- www.medinaazahara.org - du 1er avr. au 15 juin : mar.-sam. 9h-20h30, dim. 9h-15h30 ; du 16 juin au 15 sept. : mar.-dim. 9h-15h30 ; du 16 sept. au 31 mars : mar.-sam. 9h-18h30, dim. 9h-15h30 - fermé lun. - 1,50 €. Du parking du musée, le bus « lanzadera » dessert le site archéologique en continu (2,10 € AR).*
Semi-enterré, le **musée** présente l'histoire du califat, ainsi que celle du palais d'**Abd er-Rahman III** et de la ville qui se développa autour au 10e s. Maquettes animées, objets mis au jour lors des fouilles, sculptures, poteries et chapiteaux permettent de se faire une idée de la richesse de la cité.
Bâti à flanc de colline, Medina Azahara s'étage sur plusieurs terrasses. Sur le niveau supérieur, l'*alcázar* comprend la résidence du calife et des hauts dignitaires, ainsi que des dépendances militaires et administratives ; sur la terrasse intermédiaire s'étendent les jardins et le salon de réception. Enfin, la mosquée et les bâtiments de la ville ont été érigés sur la terrasse inférieure.

## CASTILLO DE ALMODÓVAR DEL RÍO★★

***Plan détachable - carte routière C2***
*À 28 km à l'ouest de Cordoue. ☏ 957 634 055 - www.castillode*

J.D. Dallet/age fotostock

*Le château de Almodóvar del Rio.*

*almodovar.com - lun.-vend. 11h-14h30, w.-end 11h-20h (oct.-mars 19h) - 8 €.*
Almodóvar provient de l'arabe *al-Mudawwar* qui signifie « le rond », allusion au coteau sur lequel se dresse le **château**, érigé au 14e s. dans le style gothique. C'est l'un des plus importants d'Andalousie en raison de son état de conservation et de sa beauté. Du château, on bénéficie de magnifiques **vues★** sur le fleuve et la campagne de Cordoue. Une promenade sur le chemin de ronde, dans les tours et la cour d'armes vous transportera dans le passé. Le monde médiéval y est évoqué à travers les présentations de vêtements, d'armes et de mobilier d'époque.
Le restaurant, installé en ses murs, propose même un menu médiéval.

# *Jaén et sa province*★★

***Porte de l'Andalousie, entre la Sierra Morena et les cordillères Bétiques, la province de Jaén occupe une place stratégique depuis l'Antiquité, dont témoignent les vestiges des colonies phéniciennes, grecques et carthaginoises, et les empreintes architecturales et culturelles de cinq siècles de domination musulmane. Les sierras de Cazorla, de Segura et Las Villas (de 600 à 2100 m d'altitude) sont constituées en parcs naturels où évoluent rapaces, daims et chèvres sauvages. Aux environs de Jaén, parmi les vastes oliveraies, Ubeda et Baeza, anciennes places fortes mauresques, recèlent des bijoux architecturaux qui sont autant de témoignages de la richesse de leur passé.***

▶**Accès :** Jaèn est situé au pied de la sierra de Jabalcuz, à côté de l'autoroute A 44-E 902 qui mène à Grenade (94 km au sud). Baeza et Úbeda sont respectivement situés à 48 et 57 km au nord-est de Jaén. Situé à l'extrémité orientale de la province de Jaén, le Parque natural de las sierras de Cazorla, Segura y las Villas occupe près d'un cinquième de son territoire.
***Plan détachable - carte routière DE2.***



▶**Conseil :** Consacrez deux jours à la visite de Jaén, Baeza et Úbeda, et une journée pour le parc naturel si vous le traversez en voiture par l'A 319. Les meilleures saisons pour visiter le parc sont le printemps et l'automne.
*« Nos adresses » p. 111, 119, 124 et 132.*

## JAÉN★

***D2*** *Calle Maestra, 8 - www.turjaen.org.*
Souvent boudée par les touristes, Jaén mérite pourtant la visite. Son cœur ancien, progressivement rénové, cache de petits bijoux, au premier rang desquels sa cathédrale Renaissance, son imposante forteresse et ses bains arabes qui comptent parmi les plus beaux d'Andalousie...

### CATEDRAL★★

*Pl. de Santa María - 953 234 233/ 953 241 448 - www.catedraldejaen.org - - lun.-sam. 8h30-14h, 17h-20h, dim. 8h30-14h - 5 €, billet donnant accès au musée.*
Édifiée entre le milieu du 16e s. et la fin du 17e s., elle est l'un des plus beaux exemples d'architecture Renaissance d'Andalousie. Sa silhouette monumentale domine tout le cœur historique de Jaén. La **façade principale**★★ évoque celle d'un palais. Elle se divise en deux registres soulignés par une **balustrade**★ entourée de statues. À l'**intérieur**★★, le transept est un pur chef-d'œuvre. Les exceptionnelles **stalles**★★ sont en noyer et la *capilla mayor* recèle le miraculeux **linge de la Sainte Face**★.

## PALACIO VILLARDOMPARDO★★

*Pl. de Santa Luisa de Marillac (entrée calle La Cuna) - ✆ 953 248 068 - www.bañosarabesjaen.es - mar.-sam. 9h-22h, dim. 9h-15h - fermé lun. - gratuit.* Derrière la sobre façade de cet édifice du 16e s. se cache un **patio★** à arcades. Le palais abrite les plus grands **bains arabes★★** d'Espagne encore existants (11e s.). Remarquez la perfection architecturale de l'ensemble. Le **musée des Arts et Costumes populaires★** évoque la vie au 19e s. et au début du 20e s. Une salle est consacrée au **monde des enfants★**. Le **musée international d'Art naïf Manuel Moral★** rassemble une grande quantité de tableaux haïtiens.

## CASTILLO DE SANTA CATALINA★

*À 5 km à l'ouest de Jaén. ✆ 953 190 455 - juil.-sept. : lun.-sam. 10h-14h, 17h-20h, dim. 10h-15h ; reste de l'année :se rens. - 3,50 €.* Le château construit par Ferdinand III s'élève au sommet de la colline de Santa Catalina. Autour de la cour d'armes s'élèvent quatre tours de guet et le donjon qui dispense de beaux **panoramas★★** sur la sierra de Jabalcuz. La forteresse héberge aussi un parador, reconstruit à l'image de l'ancienne forteresse arabe.

# BAEZA★★

**DE2** *Pl. del Pópulo - http://turismo.baeza.net.* Ce bijou Renaissance de pierre dorée est classé au Patrimoine mondial de l'humanité. Surplombant les fertiles vallées du Guadalquivir et de son affluent, le Guadalimar, il se love sur les pentes d'un paysage vallonné. Le centre historique, très tranquille, invite à la flânerie. Se promener la nuit dans les ruelles du centre ancien, du côté de la cathédrale, laissera un souvenir impérissable.

yuess/iStock

*Vue sur la ville de Jaén et la cathédrale.*

## PLAZA DEL PÓPULO★

Au centre de cette jolie place s'élève la **fontaine des Lions**, l'une des images les plus populaires de Baeza, rapportée au 16e s. des ruines de la ville romaine voisine de Castulo. Autour de la place se dressent les anciens abattoirs qui occupent une demeure seigneuriale Renaissance. Remarquez le blason de Charles Quint avec l'aigle bicéphale à l'étage supérieur, là où se tenait l'ancien tribunal de justice. À l'angle sud-ouest de la place, on peut voir l'**arc de Villalar**, érigé en souvenir de la victoire de Charles Quint sur les représentants des communautés castillanes qui s'étaient soulevés contre les contributions exigées par ce nouveau roi peu présent dans le pays.

## PLAZA DE SANTA MARÍA★

La grande fontaine décorée de cariatides et d'atlantes, construite en 1564, commémore la première arrivée d'eau à Baeza. Sur l'un des côtés, le **séminaire de San Felipe Neri** (17e s.) est une œuvre de Vandelvira, de style maniériste. La façade porte des inscriptions, privilège accordé aux étudiants : à l'obtention de leur diplôme, ils pouvaient y inscrire leur nom et la date de leur succès avec du sang de taureau mélangé à d'autres ingrédients.



## CATEDRAL★

*Pl. de Santa María - ✆ 953 742 188 - ♿ - lun.-vend. 10h30-14h, 16h-19h (18h en été), sam. 10h30-19h (18h en été), dim. 10h30-18h (17h en été) - 4 €.*
La cathédrale fut reconstruite au 16e s. d'après un projet d'Andrés de Vandelvira. Il avait été décidé d'agrandir l'église précédente mais le nouveau bâtiment, encore en chantier, s'effondra en 1567. La façade principale, Renaissance, contraste avec le côté ouest où figurent les éléments les plus anciens, comme la porte de la Luna (13e s.) et la grande rosace gothique du 14e s.

À l'**intérieur★★**, l'immense lustre vient du palais de Jabalquinto. À droite s'ouvre la **Chapelle dorée**. Remarquez la grille de Maître Bartolomé, spécialiste en ferronnerie, fermant la première travée de la nef. À côté se cache l'**ostensoir★** baroque, utilisé en procession le jour de la Fête-Dieu (*il faut débourser 1 € pour le voir apparaître 1mn sur un socle tournant*). C'est le troisième plus grand d'Espagne, après ceux de Tolède et de Séville. D'une hauteur de 2,10 m, en vermeil, il est composé de 3 étages entourés de 62 colonnes. Son auteur, Gaspar Nuño de Castro, mit quatorze ans à le réaliser. Dans le cloître très soigné, vous remarquerez trois chapelles mudéjares décorées d'atauriques et d'inscriptions arabes.

## PALACIO DE JABALQUINTO★

*Pl. de Santa Cruz - ✆ 953 742 775 - lun.-vend. 9h-14h - fermé w.-end - gratuit.*
La **façade★★** exceptionnelle traduit l'engouement de la noblesse de l'époque pour une décoration chargée (pointes de diamant, fleurons de pierre, légers pinacles, blasons somptueux). À l'intérieur, on peut voir le patio Renaissance aux colonnes corinthiennes en marbre et un escalier baroque monumental.

## AYUNTAMIENTO★

**(Hôtel de ville)**
*Paseo del Cardenal Benavides.*
La façade est un exemple remarquable de plateresque tardif qui atteint des sommets dans la réalisation des quatre balcons soutenus par deux fragiles

Borisb17/iStock

*Úbeda, plaza Vazquez de Molina.*



colonnes en marbre. La porte de gauche, ancienne entrée de la prison, est ornée de deux cariatides qui représentent la Charité et la Justice.

## ÚBEDA★★

***E2*** *Plaza de Andalucía, 5 - www.turismodeubeda.com.*
À l'instar de Baeza, Úbeda évoque une ville de Castille égarée sous le ciel andalou. Elle partage, avec sa voisine et petite sœur, l'or de sa pierre, l'harmonie de son architecture et son éclat Renaissance, mais de façon plus dense, plus étourdissante encore. Ses façades Renaissance atteignent leur perfection sur la plaza Vázquez de Molina et dans la chapelle del Salvador, emblème de la ville. Tant de richesses ne manquent jamais d'éblouir le visiteur de passage. Préparez-vous à tomber sous le charme…

### PLAZA VÁZQUEZ DE MOLINA★★

Cette place d'une harmonie extraordinaire réunit les plus beaux monuments Renaissance d'Úbeda. En un instant, l'ensemble des constructions nous transporte dans une autre époque : la chapelle del Salvador, le palais Vázquez de Molina, l'église de Santa María de los Alcázares et le palais du doyen Ortega qui abrite aujourd'hui le parador.
Il faut également découvrir les autres édifices qui bordent la place : la **prison de l'Évêque**, appelée ainsi car les religieuses y purgeaient les peines

canoniques imposées par l'évêque, l'ancien magasin à grains, la maison du Régisseur et le **palais des marquis de Mancera**, reconverti en couvent et dont la façade Renaissance surmontée d'une tour rectangulaire est une réminiscence du Moyen Âge servant à affirmer l'ancienneté du lignage.

## IGLESIA DE SANTA MARÍA DE LOS ALCÁZARES★

*℘ 953 756 583 - 10h30-13h30, 17h-19h45 - 4 €, audioguide inclus.*
Construite au 13e s. sur les ruines d'une mosquée, l'église la plus emblématique de la ville est un patchwork de styles. Sa façade d'influence vandelvirienne est surmontée de deux clochers-murs du 19e s. Du classicisme de ses portails, on passe au cloître gothique. L'intérieur a connu de graves détériorations pendant la guerre civile, mais on peut remarquer les **chapelles★** aux encadrements finement sculptés, où sont exposées quelques-unes des effigies sorties en procession lors de la Semaine sainte, et les belles **grilles★** réalisées par Maître Bartolomé.



## PALACIO DE LAS CADENAS★

*℘ 953 750 440 - lun.-vend. 8h-20h, w.-end. 10h-14h, 17h-19h30 - gratuit.*
Ce palais (16e s.) doit son surnom aux chaînes tendues entre les colonnes qui entourent le parvis. Sa **façade★★**, un exemple de régularité et de symétrie, marie savamment style andalou et style classique : alternance de baies et de pilastres, auxquels se substituent à l'étage cariatides et atlantes. Une fontaine agrémente le centre de l'élégant patio à doubles arcades, semblable à ceux de l'ancien hôpital de Santiago et du palais du doyen Ortega. Le niveau inférieur accueille le **Centro de interpretación Andrés de Vandelvira** *(merc.-dim. 10h-14h, 17h-19h30 - gratuit)*, consacré à l'art et à l'œuvre de l'architecte (1509-1575).

## SACRA CAPILLA DEL SALVADOR★★

*℘ 609 279 905 - lun.-jeu. 9h30-14h30, 16h30-19h30, vend.-sam. 9h30-15h, 16h30-19h30, dim. 11h30-15h, 16h30-19h30 - 5 € avec audioguide.*
Conçue par Diego de Siloé en 1536 et réalisée par Andrés de Vandelvira entre 1540 et 1556, cette chapelle est l'un des exemples les plus représentatifs de l'art religieux andalou à la Renaissance. Cet édifice funéraire, destiné à servir de panthéon familial, est une commande de Francisco de los Cobos (1471-1547), secrétaire d'État de Charles Quint et mécène fortuné.
La façade principale conçue par Siloé réunit certains thèmes récurrents dans l'ornementation Renaissance. Au-dessus de la porte, entre les statues de saint Pierre et de saint Paul, se trouve la Transfiguration. De part et d'autre du portail, deux grandes sculptures présentent des sarcophages sur lesquels deux guerriers et deux femmes entourent les blasons de Francisco de los Cobos et de sa femme, María de Mendoza. Les tourelles qui encadrent le corps principal ne sont en fait que des contreforts en forme de flammes, la

flamme symbolisant la vie éternelle et les cierges que l'on allume pour rendre hommage aux morts.
Le somptueux **intérieur★★** se compose d'une nef à la voûte bleue rehaussée d'or. Le *presbiterio*, de Vandelvira, est une rotonde ornée d'un grand retable (16ᵉ s.) en forme de baldaquin sur lequel figurait, comme incrusté, le groupe de la Transfiguration (d'Alonso Berruguete) ; il n'en reste qu'une partie. Les peintures murales datent du 18ᵉ s.
La **sacristie★★**, de Vandelvira, est une merveille architecturale. On y accède par une étrange porte d'angle. La décoration, d'inspiration italienne, mêle les images païennes : cariatides, atlantes, sibylles et médaillons de têtes sculptées personnifiant des états comme la peur, la folie, l'amour, l'audace, la douleur ou la patience. On remarquera une certaine particularité de l'église, due au caractère de son commanditaire : il n'y a aucune image du Christ en Croix, mort ou souffrant, en position de faiblesse. Il est uniquement représenté en pleine gloire au moment de la Transfiguration.

## IGLESIA DE SAN PABLO★

*✆ 953 750 637 - mar.-sam. 11h-13h, 18h-20h, dim. 11h-13h.* Le style gothique du portail principal contraste avec le style isabélin du portail sud (1511), orné de superbes reliefs. À l'intérieur, la splendide chapelle des Têtes de mort, ainsi que la chapelle des Grâces, ouvrage isabélin fermé par d'extraordinaires **grilles★★** de Maître Bartolomé.

## PARQUE NATURAL DE LAS SIERRAS DE CAZORLA, SEGURA Y LAS VILLAS★★★

**Office du tourisme de Cazorla** – **E2** - *Ruinas de Santa María, pl. Santa María - www.cazorla.es.* C'est le plus grand parc naturel d'Espagne et l'un des plus sauvages. Des petites routes en corniche agrémentées de haltes dans des villages historiques, de balades à pied pour observer les animaux, d'excursions en quad ou de canyoning... toute la famille y trouve son compte. Cazorla, à 43 km à l'est d'Úbeda, est la porte d'accès au parc la plus pratique.



### *La faune et la flore*

*Créé en 1986, le Parc naturel des sierras de Cazorla, Segura et Las Villas s'étend sur 214 300 ha allant d'une altitude de 600 à 2 017 m. Il est en fait composé de trois sierras, les sierras de Cazorla, de Segura et de Las Villas.*
*Le parc abrite des plantes endémiques, dont l'une des plus remarquables est la violette de Cazorla, qui pousse dans les forêts de pins laricio, de chênes verts, de noisetiers, de chênes pubescents et de houx. Il compte également de nombreuses espèces animales, comme le sanglier, le cerf, le chamois, le daim, des prédateurs comme la genette, la fouine, le chat sauvage ou le renard, des espèces aquatiques comme la loutre, ainsi que de multiples espèces d'oiseaux dont beaucoup de rapaces (aigle royal, faucon, milan, vautour barbu, etc.).*

## QUESADA

***E2*** *À 18 km au sud de Carzola.*
Au Moyen Âge, Quesada était une place forte rattachée au royaume de Grenade. De l'ancienne forteresse, il reste quelques portes, dont l'**arc de la Manquita de Utrera**. Passé cet arc, vous vous retrouvez à déambuler dans un lacis de très agréables **rues fleuries★** : Alcadía, Las Posadas, La Casa sin Puerta.

## SANTUARIO DE LA VIRGEN DE TÍSCAR

***E2*** *À 15 km au sud de Quesada.*
*✆ 953 713 606 - mar. 17h-19h, merc.-vend. 11h-14h, 17h-19h, w.-end 16h-20h.*
Au-delà de la route se niche un

sanctuaire dans un site magnifique. Il ne présente pas grand intérêt sauf pour la **vue★** qu'il offre.

## CAZORLA

***E2*** L'ancienne Carcesa romaine bénéficie d'un site exceptionnel dans le noyau vert du parc naturel. Occupée par les Arabes, c'est à eux qu'elle doit le tracé actuel de ses ruelles. La **plaza de Santa María**, très harmonieuse, est entourée de nombreux bars et restaurants où il est agréable de faire une pause en profitant de la beauté sereine des lieux. Les **ruinas de Santa María** sont situées à l'extrémité de la place et sont quasiment envahies par la nature. Le **Castillo de la Yedra**, ancienne forteresse d'origine romaine, se dresse sur le point culminant de Cazorla. Sa construction suit par paliers le dénivelé de la roche.

## LA IRUELA

*À 5 km au nord-est de Carzola.*
**Castillo** – *✆ 691 782 295 - 10h-13h30, 16h-18h - 1 €.* Sur un piton rocheux dominant ce petit village fondé par les Carthaginois au 3ᵉ s. av. J.-C. se dressent les vestiges d'un château de templiers qui offre des **vues★★** fantastiques sur la vallée du Guadalquivi. Juste à côté des ruines du château se trouvent celles de l'église de Santo Domingo de Silos, dédiée au saint patron de La Iruela. À l'époque où celle-ci était une ville frontière, les Arabes venaient y faire de fréquentes razzias. L'église actuelle, construite sur une église plus ancienne au 16ᵉ s., a été incendiée en 1810 par les Français. Ses restes se confondent presque avec la roche.

## CENTRO DE VISITANTES TORRE DEL VINAGRE

*À 32 km au nord de La Iruela.*
*Carr. del Tranco (A 319), km 45 - ✆ 953 713 017 - mar.-dim. 10h-14h, 16h-19h (7h-20h en juil.-août) - gratuit.*
Le centre comprend un **jardin botanique** qui recense toutes les espèces autochtones et un petit **musée de la Chasse**. Plusieurs sentiers s'enfoncent dans le parc à partir de cet endroit. Sur 17 km, l'A 319 serpente en corniche, dispensant de spectaculaires **vues★★**.

## EMBALSE DEL TRANCO DE BEAS★

*À 32 km au nord de Torre del Vinagre.*
Premier plan d'eau que forme le Guadalquivir après sa source, le lac propose de nombreuses activités nautiques. En son milieu, face au

R. Mattes/hemis.fr

*Retenue del Tranco de Beas dans la sierra de Cazorla.*



fantastique belvédère Rodríguez de la Fuente, apparaissent les îles de Cabeza de la Viña et de Bujaraiza, où se dressent les ruines d'un ancien château arabe.

## HORNOS

***E1*** *À 24 km au nord.*
Au sommet d'une falaise rocheuse s'élèvent les vestiges du château, qui offre des **vues★** extraordinaires sur la retenue del Tranco et la vallée du Guadalquivir.

## SEGURA DE LA SIERRA

***E1*** *À 15 km au nord de Hornos.*
Cette petite ville nichée à 1240 m d'altitude au sommet d'une colline est protégée par son **château arabe**.

## ORCERA

***E1*** *À 20 km au nord de Segura de la Sierra.*
La place pentagonale de l'hôtel de ville accueille l'église de Nuestra Señora de la Asunción, au portail dépouillé de style Renaissance, et une fontaine du 16e s. À l'écart de la localité s'élèvent les trois tours massives de Santa Catalina, seuls vestiges de la forteresse arabe.

## SILES

***E1*** *À 18 km au nord-est d'Orcera.*
*Carr. de Hellín, 21 - www.siles.es.*
Seuls subsistent quelques pans de l'ancienne muraille. À proximité se trouve le site naturel de Las Acebeas, l'espace le plus préservé de la sierra.

# Grenade★★★

**Granada**

***Considérée comme l'une des plus belles villes d'Espagne, Grenade jouit d'une situation géographique exceptionnelle avec, en toile de fond, les cimes enneigées de la Sierra Nevada. Sa richesse culturelle et sa prestigieuse université attirent des visiteurs et des étudiants du monde entier. La majestueuse Alhambra fait face à l'Albayzín, ancienne cité arabe classée par l'Unesco, tandis que des maisons troglodytiques du Sacromonte accueillent des spectacles de flamenco. Pour couronner le tout, sachez qu'il s'agit de la ville des tapas par excellence.***

▶**Accès :** Grenade est reliée à Jaén (94 km au nord) par l'A 44-E 902, à Antequera (100 km à l'ouest), Séville (261 km à l'ouest) et Almería (175 km au sud-est) par l'A 92, à Málaga (132 km au sud-ouest) et Cordoue (203 km au nord-ouest) par l'A 92 puis l'A 45.
***Plan détachable - carte routière D3 et plan de la ville p. 64-65.***
▶**Conseil :** Comptez une bonne demi-journée pour visiter l'Alhambra (votre circuit dépendra de l'heure d'accès aux palais nasrides qu'on vous aura attribuée), et deux jours pour voir le reste de Grenade.

*« Nos adresses » p. 112, 120, 124, 126 et 133.*



## L'ALHAMBRA ET LE GENERALIFE★★★

***CD2*** *On accède à l'Alhambra depuis la plaza Nueva par la cuesta de Gomérez (20mn à pied). Une fois dans l'enceinte, prenez le chemin de gauche. Bien utile, la ligne du bus C30 (arrêt « Pl. Isabel la Católica ») conduit aux caisses; près de celles-ci, grand parking.*
*958 027 971 - www.alhambra-patronato.es - de mi-mars à mi-oct. : 8h30-20h, nocturne mar.-sam. 22h-23h30; reste de l'année : 8h30-18h (palais nasrides à 17h), nocturne vend. et sam. 20h-21h30 (seult palais nasrides) - dernière entrée 1h av. fermeture - visite 14 € (12-15 ans 8 €), jardins, Generalife et alcazaba 7 €, visite nocturne du palais 8 € ou 5 € (jardins); circuit « azul » (bleu) comprenant la visite nocturne du palais et la visite le lendemain des jardins, du Generalife et de l'alcazaba, 14 €.*
**Réservations** – *Il est conseillé de réserver son billet très longtemps à l'avance (Servicaixa - 902 888 001 ou 00 34 958 926 031 depuis l'étranger -www.alhambra-tickets.es). Si vous n'avez pas réservé, la billetterie, près de l'entrée du Generalife, ouvre à 8h (file d'attente souvent déjà longue). Certains hôtels proposent de vous prendre vos billets d'entrée à l'Alhambra : le jour de votre visite, une heure avant l'entrée prévue aux palais, présentez-vous à la billetterie muni d'une pièce d'identité, de votre n° de dossier et de la carte de crédit avec laquelle vous avez réglé.*

*L'Alhambra et la Sierra Nevada en toile de fond.*

*Attention : une fois passé le créneau horaire qui vous a été attribué, vous perdez votre droit d'entrée.*

## L'ALHAMBRA★★★

**CD2** *Avda del Generalife.*
Le Qalat-al-hamrá, qui signifie le « château rouge » en raison de la couleur ocre de ses murs, est l'un des plus beaux palais arabes jamais conservés. Le raffinement de l'Alhambra, son architecture en parfaite harmonie avec les jardins et les pièces d'eau, tout semble évoquer cet éden coranique chanté dans la tradition musulmane. Mais cette beauté dissimule bien des contradictions : sous les décors somptueux et luxueux se cachent des matériaux très pauvres. Car, curieusement, c'est un pouvoir politique en pleine décadence qui a entrepris la construction de ce chef-d'œuvre.



En montant à pied vers l'Alhambra par la cuesta de Gomérez qui part de la plaza Nueva, on passe près des **tours Bermejas,** puis on traverse la forêt, on poursuit jusqu'à la billetterie. De là, deux possibilités : redescendre jusqu'à l'entrée du site ou poursuivre jusqu'à la porte de la Justice qui donne aussi accès à l'Alhambra.

### Puerta de la Justicia

**C2** Construite par Youssouf Ier, la porte de la Justice est percée dans une tour des murailles extérieures ; c'est l'un des anciens accès principaux de l'Alhambra. Elle est coudée, comme la plupart des portes défensives arabes. Sur la clef de l'arc externe est représentée une main. Les cinq doigts symbolisent les cinq piliers de l'islam. La clef sur l'arc interne représente les clés du paradis, ou bien indique que la porte était une entrée de la ville.

### Palacios Nazaríes★★★
**(Palais nasrides)**

**CD2** Au premier coup d'œil, on est bien loin d'imaginer la merveille que l'on va découvrir : une architecture d'une finesse extrême, tout en *moçarabes*, coupoles, frises et stucs qui se reflètent dans l'eau et jouent avec la lumière. Les trois palais (du Mexuar, de Comares et des Lions) sont distribués autour de cours : de la Chambre dorée, des Myrtes et des Lions. L'absence de perspective crée un effet de surprise.

La visite du **Palacio del Mexuar** débute par la pièce principale du palais du Mexuar. Elle était à la fois salle d'audience, de justice et de conseil. Un beau soubassement d'azulejos et une décoration épigraphique courent le long des murs. Dans la cour de la Chambre dorée, remarquez le mur sud, recouvert d'une décoration raffinée, véritable précis de l'art nasride. Des azulejos décorés de motifs géométriques, des panneaux ornés de motifs végétaux, des bandes épigraphiques, des frises de *moçarabes* et de bois sculpté ainsi qu'une corniche encadrant les portes et les fenêtres en font un ensemble tout à fait étonnant. À l'opposé, au fond du portique, se trouve la **Chambre dorée**, une pièce tout en longueur avec des soubassements d'azulejos, de fins stucs travaillés et un beau plafond de bois doré qui lui a donné son nom. Depuis les fenêtres, on a

### *Les larmes de Boabdil*

*Après avoir rendu les clés de Grenade, Boabdil, dernier souverain nasride, prend le chemin de l'exil. À un endroit qui porte maintenant le nom de Suspiro del Moro (le Soupir du Maure), il s'arrête et, jetant un dernier regard sur sa ville, ne peut contenir ses larmes. « Pleure comme une femme ce que tu n'as pas su garder comme un homme », lui dit alors sa mère.*

une **vue★★** magnifique sur l'Albayzín. C'est là que les administrateurs et les secrétaires écrivaient et exécutaient les ordres du sultan.

On pénètre dans le **Palacio de Comares** par la porte gauche du mur sud, et un petit couloir coudé donne sur la cour des Myrtes. Dans le bassin allongé bordé de massifs de myrtes se reflète l'imposante **tour crénelée de Comares** (Torre de Comares), qui forme un contraste surprenant avec la légèreté et la grâce des portiques de la galerie. Le jeu des reflets dans l'eau a rarement été aussi abouti, l'effet de répétition créant un sentiment d'éternité. Puis on arrive à la **salle de la Barca**, déformation de *baraka* (bénédiction), coiffée d'une coupole de bois percée à ses extrémités par deux baies.

On accède enfin au **salon des Ambassadeurs**, splendide salle carrée qui devait abriter le trône royal. La coupole compte plus de 8000 pièces de bois de différentes teintes disposées en étoiles, elles-mêmes placées sur sept niveaux qui représentent les sept cieux que l'on franchit avant d'atteindre le paradis islamique.

La célèbre **cour des Lions** du **Palacio de los Leones** (Palais des Lions) s'ordonne autour d'une antique fontaine gardée par douze lions rustiques qui datent du 11e s. Tout autour du patio, une élégante galerie à fines colonnes (au nombre de 124) dessert les salles d'apparat, tandis que deux harmonieux petits kiosques à colonnades s'avancent sur les côtés est et ouest, ajoutant encore à cet ensemble raffinement et élégance. Au sud de la cour, la **salle des Abencérages** possède une voûte de *moçarabes* couronnée d'une coupole en étoile à huit pointes. À l'est, la **salle des Rois** se compose de trois unités carrées garnies de voûtes de *moçarabes*. Au fond de la salle s'ouvrent trois alcôves dont les voûtes furent probablement peintes à la fin du 14e s, sur le thème des distractions des princes maures et des seigneurs chrétiens.

Au nord, la **salle des Deux Sœurs** doit son nom à deux grandes dalles de marbre identiques qui entourent la fontaine. Les fenêtres sont fermées par des jalousies qui permettaient aux femmes d'assister aux événements du palais sans être vues. On gagne ensuite la salle des fenêtres à meneaux et le **belvédère de Lindaraja** à l'ornementation tout aussi raffinée. Enfin, on accède à une galerie qui offre une **vue★** sur l'Albayzín et le Sacromonte et donne sur la cour de la Grille ainsi que sur le jardin de Lindaraja.

## JARDINS ET TOURS DE L'ALHAMBRA★

**D2** À l'est des palais royaux, les **jardins du Partal** (Jardines del Partal), du début du 20ᵉ s., descendent en terrasses vers les tours de la muraille. C'est ici que résidait l'aristocratie nasride, et les tours que l'on rencontre sont, pour certaines, de véritables petits palais *(elles ne sont pas toujours ouvertes au public)*. La première est la **tour des Dames** (Torre de las Damas), au gracieux portique *artesonado*, édifiée sous Youssouf Iᵉʳ au début du 14ᵉ s. Sur la droite se trouvent la **tour du Mihrab** et l'ancienne mosquée nasride. Plus loin, la **tour de la Captive** (Torre de la Cautiva) est de la même époque, tandis que la **tour des Infantes** (Torre de las Infantas) date de la fin du 15ᵉ s.



## PALACIO DE CARLOS V★★

**C2** En 1526, l'empereur Charles Quint fait élever ce palais après son passage à Grenade lors de son voyage de noces. Pedro Machuca (fin 15ᵉ s.-1550), architecte formé en Italie à l'école de Michel-Ange, est chargé de la réalisation qui aboutit à une œuvre du plus pur classicisme de la Renaissance. La simplicité du plan, un cercle inscrit dans un carré, annonce le triomphe de la géométrie. La vaste cour circulaire (31 m de diamètre) impressionne tant par son aspect majestueux que par sa sobriété. Jamais achevé, ce palais paraît massif et emprunté, après la subtilité orientale des dentelles de pierre que l'on vient de parcourir.

### *Museo de la Alhambra*★

*Entrée à droite du vestibule - ✆ 958 027 900 - www.alhambra-patronato.es - ♿ - merc.-sam. 8h30-18h, dim. et mar. 8h30-14h30 (d'avr. à mi-oct. : 8h30-20h), fermé lun., 1ᵉʳ janv. et 25 déc. - gratuit.* Le musée réunit des œuvres d'art hispano-mauresques qui révèlent l'habileté des artistes et des artisans de cette période. Remarquez la **Pila de Almanzor★**, bassin à ablutions du 11ᵉ s. orné de lions et de cerfs, et l'**amphore aux gazelles★**, chef-d'œuvre de finesse du 14ᵉ s.

### *Museo de Bellas Artes*★

*Entrée à l'étage - ✆ 958 563 508 - ♿ - mar.-sam. : du 16 juin au 15 sept. 9h-15h30, reste de l'année : se rens. - fermé lun. - 1,50 €.* Les collections du 15ᵉ au 20ᵉ s. présentent des œuvres d'inspiration religieuse, en particulier d'époque baroque. Ne manquez pas les sculptures de Pedro de Mena, les peintures d'Alonso Cano, la **Nature morte au cardon★★** (1602) de Sánchez Cotán et le ravissant *Ayuntamiento viejo de Granada*, de Mariano Fortuny y Marsal.

## ALCAZABA★

**C2** Sur la gauche de la place des Citernes s'élève l'Alcazaba. Cette forteresse ceinte de murailles et flanquée de tours est la partie la plus ancienne de l'Alhambra. Des jardins des Adarves, au sud, on a une vue merveilleuse sur les bosquets de l'Alhambra. À l'intérieur, sur la place d'armes, les vestiges du quartier militaire sont dominés par la **tour de guet** (Torre de la Vela). Du haut

J. Larrea/age fotostock

*Le patio de la Acequia et les jardins Generalife.*

de cette dernière, on jouit d'un magnifique **panorama**★★ sur les palais, le Generalife, le Sacromonte, la ville basse et la Sierra Nevada.

## GENERALIFE★★

***D2*** Dérivé de Yannat al-Arif, qui signifie « jardin de l'Architecte » en arabe, le Generalife était le palais d'été du souverain. Construit en 1319, il était indépendant de l'Alhambra et s'étendait beaucoup plus loin que ses limites actuelles, sur les collines voisines. Ce palais aux dimensions modestes et à l'architecture assez simple (c'était la demeure privée du roi) est entouré de jardins en terrasses où l'eau occupe une place déterminante.

Les constructions s'ordonnent autour de la cour du Canal. Un étroit bassin agrémenté de jets d'eau et bordé de plantes la divise sur toute sa longueur en quatre damiers. Elle est encadrée de deux pavillons reliés par une galerie dont le belvédère dispense une belle vue sur l'Alhambra.
La cour de la Sultane, dont l'un des côtés est clos par une galerie du 16e s., doit son nom au **« cyprès de la sultane »**. La légende raconte que l'épouse du sultan Boabdil et un chef abencérage avaient pris l'habitude de se donner rendez-vous sous ce cyprès : le sultan, l'ayant découvert, ordonna le **massacre des Abencérages** dans la salle du palais qui porte aujourd'hui leur nom.
Au-delà du palais s'étendent les jardins supérieurs, avec un escalier d'eau qui accompagne la descente dans des rampes creusées à cet effet, révélateur du raffinement et de la sensualité de toute une civilisation.



# QUARTIER DE LA CATHÉDRALE★★

Le centre de Grenade s'articule autour de deux grands axes à peu près perpendiculaires : la calle Reyes Católicos reliant la Puerta Real à la plaza Nueva, et la Gran Vía de Colón. C'est à l'angle des deux que se dissimule la cathédrale.

## CATEDRAL★★

***B2*** *Entrée par la Gran Vía de Colón - ✆ 958 222 959 - ♿ - lun.-sam. 10h-18h30, dim. 15h-18h -*

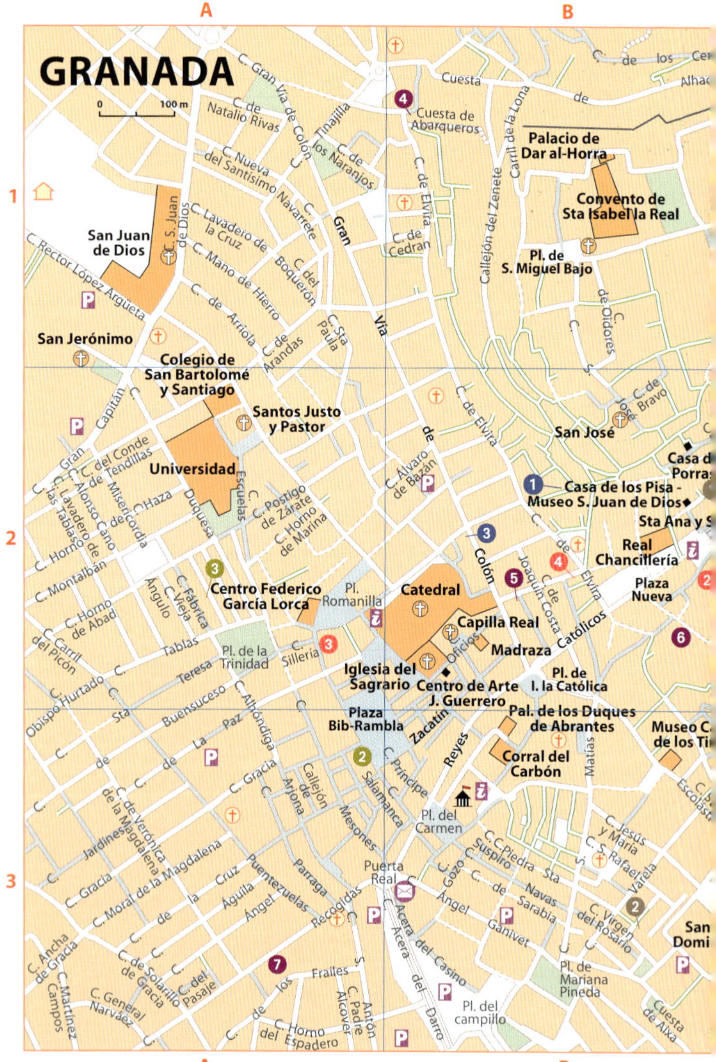
GRANADA
0
100 m
A
B
1
2
3
San Juan de Dios
San Jerónimo
Colegio de San Bartolomé y Santiago
Santos Justo y Pastor
Universidad
Centro Federico García Lorca
Pl. Romanilla
Catedral
Capilla Real
Madraza
Iglesia del Sagrario
Centro de Arte J. Guerrero
Plaza Bib-Rambla
Pl. de I. la Católica
Pal. de los Duques de Abrantes
Corral del Carbón
Pl. del Carmen
Puerta Real
Pl. del campillo
Pl. de Mariana Pineda
Pl. de la Trinidad
Palacio de Dar al-Horra
Convento de Sta Isabel la Real
Pl. de S. Miguel Bajo
San José
Casa de los Pisa - Museo S. Juan de Dios
Sta Ana y S
Real Chancillería
Plaza Nueva
Casa d Porra
Museo C de los Ti
San Domi
Gran Vía de Colón
C. Gran Vía de Colón
C. de Natalio Rivas
C. Nueva del Santísimo
C. Tinajilla
C. de los Naranjos
Cuesta de Abarqueros
Cuesta
C. de Elvira
C. de Cedran
Callejón del Zenete
Carril de la Lona
C. de los Cer
Alhac
C. S. Juan de Dios
C. Lavadero de la Cruz
C. Mano de Hierro
C. de Arriola
C. de Arandas
C. Navarrete
C. del Boquerón
C. Sta Paula
C. Rector López Argüeta
C. Capitán
C. Gran
C. del Conde de Tendillas
C. Alonso Cano
C. Lavadero de las Tablas
C. Misericordia
C. de Haza
Duquesa
C. Escuelas
C. Postigo de Zárate
C. Horno de Marina
C. Alvaro de Bazán
C. de Oidores
C. S.
C. de José Bravo
C. Horno de Montalbán
C. Horno de Abad
C. Carril del Picón
Angulo
C. Vieja
C. Fábrica
Tablas
C. Teresa
C. Sillería
C. Obispo Hurtado
C. Sta
C. Buensuceso
C. de la Paz
C. Alhóndiga
C. de
C. Jardines
C. de Verónica de la Magdalena
C. Gracia
C. Moral de la Magdalena
C. de la Cruz
Águila
Ángel
Puentezuelas
Parraga
Recogidas
C. Gracia
Callejón de Arjona
Mesones
Salamanca
C. Príncipe
Zacatín
Reyes
Colón
C. de Joaquín Costa
C. de Elvira
Reyes Católicos
Oficios
Matías
C. Escolas
C. Jesús y María
C. S. Rafael
Varela
C. Piedra Sta
C. Suspiro
C. Gozo
C. Ángel
C. de Sarabia
Navas
Ganivet
C. Virgen del Rosario
Acera del Casino
Acera del Darro
Cuesta de Aixa
C. Ancha de Gracia
C. Martínez Campos
C. General Narváez
C. de Solarillo de Gracia
C. del Pasaje
C. de los Frailes
C. Padre Alcover
S. Antón
C. Horno del Espadero

C
D
1
2
3
N
Museo Cuevas del Sacromonte
Arco de las Pesas
Cuesta de los Chinos
Cuesta
C. Horno de S. Agustín
Callejón de las Campanas
S. Nicolás
Callejón de las Tomasas
Carril de S. Agustín
Cam. del Sacromonte
Casa del Chapiz
MIRADOR DE S. NICOLÁS
Callejón Victoria
Palacio de los Córdova
C. de Guinea
Cuesta de la Victoria
Chapiz
Darro
Avellano
Casa de Zafra
Museo Arqueológico
Paseo de los Tristes
Cam. del
Carrera del Darro
Darro
El Bañuelo
S. Pedro y S. Pablo
ALHAMBRA
Cuesta del Rey Chico
El Generalife
C. Puente Espinosa
Torre de Comares
Torre de las Damas
PALACIOS NAZARÍES
Alcazaba
Torre del Mihrab
Torre de la Vela
Palacio de Carlos V
Puerta del Vino
Jardines del Partal
Torre de la Cautiva
Puerta de la Justicia
C. Real de la Alhambra
Torre de las Infantas
Cuesta de Gomérez
Fundación Rodríguez-Acosta
Paseo del Generalife
Paseo de la Sabica
C. Plegadero Alto
C. Plegadero Bajo
C. Huerto de S. Cecilio
C. Parra de S. Cecilio
Carril de S. Cecilio
C. de Antequeruela Baja
Casa-Museo Manuel de Falla
Paseo de los Mártires
CAMPO DEL PRINCIPE
Nevot
Belén
C. Hoteles de Belén
Cam. Nuevo del Cementerio
Cuesta del Caidero
C. del Cuartelillo
Molinos
C. Moral Alta
Santiago
Carmen de los Mártires

| | | |
|---|---|---|
| **SE RESTAURER** | Tetería Dar Ziryab ........ 1 | **SORTIR** |
| Bar Los Altramuces ........ 1 | Vía Colón ........ 3 | Le Chien andalou ........ 1 |
| Bodegas Castañeda ........ 4 | | Taberna la Tana ........ 2 |
| Las Tomasas ........ 5 | **SHOPPING** | |
| Marisquería Cunini ........ 3 | Aire Andaluz ........ 7 | **SE LOGER** |
| Pilar del Toro ........ 2 | Al Sur de Granada ........ 4 | Hostal Rodri ........ 3 |
| | Artesanías González ........ 6 | Hotel Los Tilos ........ 2 |
| **PRENDRE UN VERRE** | Mantequería Castellano ........ 5 | Parador Nacional de San Francisco ........ 1 |
| Casa Pasteles ........ 2 | | |

*billet combiné avec le musée de la Cathédrale 5 € (audioguide inclus).*
L'édification de la cathédrale débuta en 1518, au centre de l'ancienne médina musulmane, et les travaux durèrent près de deux siècles. Diego de Siloé fut chargé de la construction de 1528 jusqu'à sa mort en 1563. Elle devint le modèle des églises Renaissance, tant en Espagne qu'en Amérique latine.



Longez l'abside pour gagner la calle Cárcel Baja, où se trouvent deux portails auxquels Siloé apporta sa contribution. C'est aussi à lui que l'on doit le registre inférieur de la **porte du Pardon**, sans aucun doute son œuvre sculpturale la plus importante. La monumentale façade principale, qui donne sur la plaza de las Pasiegas, fut dessinée par Alonso Cano (1667). La cathédrale possède cinq vaisseaux larges et élevés avec 13 chapelles latérales et 1 déambulatoire. Les colonnes réunies par groupes de quatre sont rehaussées de piédestaux qui augmentent la hauteur de l'édifice et lui donnent son aspect de temple Renaissance de style romain. La **Capilla mayor★**, en forme de rotonde, est richement décorée. La voûte fait 46 m de hauteur. Sa partie supérieure est ornée de sept tableaux d'Alonso Cano, illustrant des scènes de la vie de la Vierge. Un grand arc de soutien relie le chœur à la nef; là se trouvent les statues orantes des Rois Catholiques. Dans le croisillon droit s'ouvre le magnifique **portail nord de la Chapelle royale★**, ouvrage d'Enrique Egas, que préside la Vierge à l'Enfant. À gauche du portail, le **grand retable baroque de Santiago** réalisé par Francisco Hurtado Izquierdo accueille une statue équestre de l'apôtre saint Jacques « Matamore » d'Alonso de Mena. Deux chapelles méritent d'être mentionnées : la chapelle de la Vierge des Angoisses contient un retable entièrement réalisé en marbre de Lanjarón. Dans la chapelle Notre-Dame-de-l'Antique, une statue de la Vierge à l'Enfant du gothique allemand du 15$^{e}$ s. trône au milieu d'un retable churrigueresque du début du 18$^{e}$ s.

## CAPILLA REAL★★

***B2** Calle Oficios - ✆ 958 227 848 - www.capillarealgranada.com - ♿ - été : lun.-sam. 10h15-18h30, dim. 11h-18h; hiver : se rens. - 5 € (audioguide inclus).*

Les Rois Catholiques Ferdinand II d'Aragon et Isabelle de Castille firent bâtir la Chapelle royale afin d'être enterrés dans cette ville. Sa construction débuta en 1506 pour s'achever en 1521. Chef-d'œuvre du gothique isabélin tant par l'unité du style que par la richesse de son ornementation, elle a été réalisée par Enrique Egas.
Dans la chapelle, une spectaculaire **grille★★** (16e s.) de Maître Bartolomé de Jaén ferme le transept, où se trouvent les **mausolées★★** des Rois Catholiques à droite, et de leur fille Jeanne la Folle et de son époux Philippe le Beau à gauche.
Le magnifique **retable★** plateresque du maître-autel (1520-1522), en bois polychrome, est de Felipe Vigarny qui a su conférer à ses personnages une incroyable énergie dans le mouvement ainsi qu'une grande expression.
Dans la sacristie, le musée renferme les **attributs des Rois Catholiques★**, la couronne et le sceptre d'Isabelle et l'épée de Ferdinand ; une **collection★★** d'œuvres de maîtres espagnols (Bartolomé Bermejo, Pedro Berruguete), flamands (Van der Weyden, Memling) et italiens (Le Pérugin, Botticelli).

## ALCAICERÍA

Reconstitué au 19e s. après qu'un incendie eut détruit le lieu original, véritable souk avec ses arcs en fer à cheval et ses décorations de style arabe, cet ensemble de ruelles étroites, qui abritait le marché de la soie à l'époque musulmane, est devenu un marché de souvenirs.

## CORRAL DEL CARBÓN

***B3*** *Calle de Mariana Pineda, 8 - ✆ 958 575 132 - ♿ - 9h-20h - gratuit.*
La cour au Charbon est un ancien *fondouk* (ou caravansérail) du 14e s. de construction arabe. Sa façade harmonieuse présente un arc en fer à cheval encadré d'un *alfiz* portant une inscription ainsi qu'une baie géminée avec deux panneaux décorés de *sebka*. Un grand avant-toit de bois couronne l'ensemble et la voûte du porche est décorée de *moçarabes*.
Le patio frappe par sa sobriété : trois étages de galeries soutenues par des piliers de brique et une simple fontaine au centre. En sortant de la cour à droite, sur la placeta de Tovar, admirez le **palais des Ducs d'Abrantes**, construction du 16e s. dotée d'une simple façade d'influence gothique à la décoration héraldique.

# DE L'UNIVERSITÉ À L'HÔPITAL ROYAL★

## MONASTERIO DE SAN JERÓNIMO★★

***A1*** *Calle López Argüeta, 9 - ✆ 958 279 337 - 10h-13h30, 16h-19h45 (18h30 en hiver) - 4 €.*
La construction du monastère débuta en 1496 ; deux célèbres architectes y participèrent, Jacobo Florentino jusqu'en 1526, puis Diego de Siloé.
Le grand cloître est agrémenté d'un jardin ombragé d'orangers.
De robustes colonnes ornées de chapiteaux à feuillages soutiennent des arcs et des balustrades

ajourées de style gothique. La façade plateresque de Siloé est impressionnante. En entrant, on est frappé par la décoration de l'**église**★★, la richesse de l'abside illuminée par les fenêtres du transept et par la tour-lanterne. Le grand **retable**★★ est un joyau de l'école de Grenade.

## BASÍLICA DE SAN JUAN DE DIOS★

***A1** Calle San Juan de Dios, 23 - ✆ 669 902 792 - 10h-13h, 16h-19h - fermé dim. matin - 4 €.*
Édifiée durant la première moitié du 18e s., c'est l'une des principales églises baroques de Grenade. Sa **façade**★ est richement décorée. À l'intérieur, les arcs, les voûtes et la coupole sont recouverts de peintures, pour la plupart de Diego Sánchez Sarabia. L'unité de style en fait un ensemble magnifique. Dans le chœur, un retable churrigueresque en bois doré cache, derrière le panneau central, le camarín. Il se compose de trois pièces, plus riches que le reste de l'église.



## HOSPITAL REAL★

*Cuesta del Hospicio - ✆ 958 243 060 - lun.-vend. 9h-20h - fermé w.-end.*
L'hôpital (aujourd'hui université) fut fondé par les Rois Catholiques au début du 16e s. À l'intérieur, on remarque l'harmonie des deux patios de l'aile gauche, décorés d'éléments héraldiques. Par le premier patio à droite, montez au 1er étage voir la charpente et la coupole centrale en bois de la bibliothèque.

# LE LONG DU DARRO★

## EL BAÑUELO★

***C2** Carrera del Darro, 31 - ✆ 671 596 236 - 10h-17h (de mai à mi-sept. : 9h-14h30, 17h-20h30) - 5 €.*
Les bains arabes sont situés en face des vestiges du **pont du Cadí** (11e s.). Ces bains traditionnels du 11e s. font partie des mieux conservés d'Espagne et se composent de plusieurs salles (vestiaire, réunion et massage, bain). Remarquez les voûtes percées de lucarnes octogonales ou en forme d'étoiles ainsi que les arcades des dernières salles aux chapiteaux romains, wisigothiques et de l'époque califale.

# AUX ALENTOURS DE GRENADE

## SIERRA NEVADA★

***Plan détachable - carte routière E3***
*Au sud-est de Grenade. ℹ Carr. de Sierra Nevada (A 395), km 23 - www.juntadeanlalucia.es.* Il est surprenant de découvrir un tel relief montagneux enneigé toute l'année à cette latitude méridionale. Les paysages de haute montagne entrecoupés de vallées encaissées et de profonds ravins ainsi qu'une station de sports d'hiver, **Pradollano**, comptent au nombre de ses attraits. La Sierra Nevada a été classée Parc national en 1999. Elle est donc devenue plus difficile d'accès.

## ALHAMA DE GRANADA★

***Plan détachable - carte routière D3***
*À 60 km à l'ouest de Grenade.*

jgaunion/iStock

*Village des Alpujarras à flanc de montagne dans la sierra Nevada.*

*Carrera Francisco de Toledo, 5 - www.turismodealhama.com.*
Alhama fut baptisée « al-Hamman » (« source chaude ») par les Arabes, en raison de la présence de sources thermales. Dans l'hôtel Balneario, qui fait partie des thermes d'Alhama, on peut visiter le **Baño árabe★**. La ville a conservé un **quartier arabe★** qu'il est agréable de parcourir à pied. Le belvédère offre une vue **panoramique★** sur le précipice du río Alhama.

## ALPUJARRA GRANADINA★★

***Plan détachable - carte routière E3***

*Centre d'information du Parc national de la Sierra Nevada (Nevadensis) – El Rincón Alpujarreño, pl. de la Libertad, 7 - 18411 Pampaneira - ✆ 958 763 127 - www.nevadensis.com.*
Sur le versant méridional de la Sierra Nevada s'étend le territoire de l'Alpujarra grenadine. Son isolement et sa topographie accidentée lui ont valu de conserver une personnalité très marquée. Aujourd'hui devenues assez touristiques, les Alpujarras (dérivé de l'arabe « al-bucharrat » signifiant « les pâturages ») conservent un charme captivant.
À 45 km au sud de Grenade, **Lanjarón** est la porte naturelle des Alpujarras. La petite ville est célèbre pour ses eaux minérales qui attirent chaque année un nombre important de curistes.

À 9 km, situé à plus de 1000 m d'altitude sur le versant sud de la sierra, vous trouverez **Cáñar**, parcouru de ruelles assez raides se faufilant parmi les maisons blanches accrochées à la pente.

Un peu plus loin, **Caratáunas** est un village tout aussi typique de la région. On aborde alors le **défilé de Poqueira★★** qui regroupe trois villages : Pampaneira, Bubión et Capileira.

La meilleure façon de découvrir **Pampaneira★**, sans doute le village le plus touristique de l'Alpujarra, avec sa rue principale bordée de boutiques de produits régionaux et d'artisanat, reste de flâner au hasard des ruelles, souvent entrecoupées d'escaliers, parmi les maisons d'une blancheur éclatante.



Situé à 1296 m d'altitude, **Bubión** se rendit célèbre pendant la révolte de 1568, quand la belle tour arabe, toute proche de l'église, devint un important bastion de la résistance morisque. Son musée, la **Casa-Museo alpujarreña** *(Pl. de la Iglesia - ✆ 958 763 032 - lun., merc., jeu. et dim. 11h-14h, vend.-sam. 11h-14h, 17h-19h - fermé mar. - 1,80 €.)*, témoigne de la vie traditionnelle dans la région.

À 1436 m d'altitude, **Capileira★**, le plus haut des trois villages, s'étire paresseusement sur un versant ensoleillé. C'est un dédale de ruelles fort pentues et de *tinaos*. L'église de **Nuestra Señora de la Cabeza** (16ᵉ s.) abrite un beau retable baroque.

Le plus grand des villages de la taha, **Pitres**, peut être le cadre d'une agréable étape. En poursuivant sur 2 km sur l'A 4132, vous arriverez à **Pórtugos**, réputé pour sa *fuente Agria*, source d'eau ferrugineuse située derrière l'ermitage de Nuestra Señora de las Angustias, à la sortie du village.

**Busquístar** est un paisible village de style mozarabe. Après un virage à gauche un peu sec, la route remonte alors la spectaculaire **vallée du río Trevélez★**.

Réputé pour son jambon, l'un des meilleurs d'Espagne, **Trevélez** étage ses maisons blanches au fond de la vallée. Le village est formé de trois quartiers d'altitudes différentes, le plus élevé se situant à 1600 m d'altitude, hissant l'agglomération au rang de la plus haute d'Andalousie. Une rue en pente (plus que raide), judicieusement dénommée La Cuesta, les relie. Le **Mulhacén** (3482 m), point culminant de la péninsule, se dresse tel un vigile en toile de fond.

### *Les Alpujarras aujourd'hui*

*Outre les voyageurs romantiques férus d'exotisme, deux écrivains ont contribué à faire connaître les Alpujarras : ce fut Pedro Antonio de Alarcón (1833-1891) qui relate son périple dans la région dans un ouvrage intitulé « La Alpujarra, recueil de coutumes et de légendes locales ». Et un hispaniste britannique, Gerald Brenan (1894-1987), qui vécut onze ans dans le village de Yegen. Aujourd'hui, de plus en plus de touristes viennent dans la région, séduits tant par la beauté des villages que par un artisanat qui a conservé une certaine authenticité et une gastronomie originale, dont le fameux jambon de Trevélez reste l'emblème.*

# Almería et sa province

***Adossée aux contreforts d'une sierra aride et désertique, Almería fait face à une mer d'un bleu azur. Dans cette ville, ne cherchez pas le charme et l'harmonie d'un cœur historique bien conservé. Dominée par l'une des plus belles forteresses d'Andalousie, elle recèle néanmoins une somptueuse cathédrale et fait preuve d'un grand dynamisme.***

▶**Accès :** Dans le golfe d'Almería, la ville se situe à 160 km au sud-est de Grenade et à 206 km à l'est de Málaga.

***Plan détachable - carte routière F3.***

▶**Conseil :** Consacrez une demi-journée à la visite de la ville et une autre à celle de Los Millares et Tabernas.

*« Nos adresses » p. 113, 128 et 133.*

## ALCAZABA★

*Calle Almanzor (accès par la calle de la Reina) - ✆ 950 801 008 - www.museosdeandalucia.es - du 1er avr. au 15 juin : mar.-sam. 9h-20h30, dim. 9h-15h30 ; du 16 juin au 15 sept. : mar.-sam. 9h-15h30, 19h-22h, dim. 9h-15h30 ; reste de l'année : se rens. - fermé lun. - gratuit.*

Du haut de sa colline, l'alcazaba domine Almería et toute la baie, occupant ainsi un emplacement privilégié. **Abd er-Rahman III** fit construire la forteresse au 10e s. pour défendre la ville ; puis elle fut agrandie à l'époque des *taifas* par les rois locaux ***Jayrán*** et Almotacín, qui y aménagèrent un magnifique palais maure. Après la Reconquête, les Rois Catholiques élevèrent un *alcázar* (château royal) chrétien, mais lors du tremblement de terre de 1522, tout l'ensemble subit de graves dommages.
Dans la première enceinte, occupée par de beaux jardins, se dresse la citerne. Le mur de la tour de guet couronnée d'un clocher-mur sépare la première enceinte de la deuxième.
Dans la deuxième enceinte se tient la cité palatiale dont on a conservé quelques constructions : la citerne califale, un ermitage mudéjar, une maison musulmane reconstituée, un bassin et les bains des troupes. La grande esplanade était la place d'armes du palais d'Almotacín. Les bains privés de la reine occupent un angle.
La troisième enceinte, la plus à l'ouest, défend le château édifié par les Rois Catholiques. Remarquez dans le patio le robuste donjon et son portail gothique. Des chemins de ronde, profitez des remarquables **panoramas★** sur la ville et le port entre les collines arides et la mer resplendissante. Remarquez en contrebas le quartier populaire de **La Chanca** dont les maisons troglodytiques sont peintes de toutes les couleurs.

### CATEDRAL★

*✆ 950 234 848.* Cette étrange cathédrale, qui ressemble davantage à une forteresse qu'à une église, a été construite par Diego de Siloé au 16e s. Les attaques fréquentes des pirates berbères expliquent la présence de tours crénelées et de solides murs jalonnés d'imposants contreforts.
Le beau **portail principal★** Renaissance crée un contraste avec l'austérité de la façade, mais la richesse du décor n'altère en rien les lignes classiques. Juste avant d'entrer dans la cathédrale, jetez un coup d'œil au curieux **soleil de Portocarrero★**, symbole de la ville, sculpté sur le chevet. À l'intérieur, les nefs gothiques sont couvertes de voûtes nervurées qui reposent sur des colonnes fasciculées. Les stalles Renaissance du chœur sont remarquables, en particulier les médaillons ornés de visages de profil sur les stalles hautes. Trois chapelles s'articulent autour du déambulatoire : la chapelle axiale, gothique, recèle le Christ de l'Écoute, particulièrement vénéré à Almería ; les chapelles latérales sont d'inspiration Renaissance. Saint Indalecio, patron d'Almería, repose dans la chapelle de droite et on apercevra des peintures d'Alonso Cano dans celle de gauche.
Sur la plaza de la Catedral, on remarquera le palais épiscopal qui date de la fin du 19e s. et l'**église de las Puras**, qui fait partie d'un ancien couvent fondé au 16e s.
Ne manquez pas de jeter un coup d'œil aux anciennes citernes arabes du 11e s. qui approvisionnaient la ville, les **Aljibes de Jayrán**. *Calle Tenor Iribarne, 8 - mar.-jeu. et dim. 10h30-13h30, vend.et sam. 10h30-13h30, 17h-20h - fermé lun. - gratuit.*

## AUX ALENTOURS D'ALMERÍA

### LOS MILLARES★

*À 12 km au nord d'Almería.*
*Venta de Los Millares - Santa Fe de Mondújar - ✆ 677 903 404 - visite (1h) sur demande préalable : merc.-dim. 10h-14h - fermé lun., mar., 1er et 6 janv., 1er Mai, 24, 25 et 31 déc. - gratuit.*
Datant de l'âge du cuivre, ce gisement est le plus important d'Europe par sa taille et son contenu. Un passage obligé pour les amateurs d'archéologie. De 2700 av. J.-C. environ à 1800 av. J.-C. se trouvait ici un village de 1000 à 1500 habitants, témoignant de l'avancement d'une société déjà orientée vers le modèle urbain. Les habitants étaient des cultivateurs et des bergers ; ils travaillaient le cuivre et créèrent leur propre céramique rituelle. On peut voir les vestiges d'un système de défense complexe, avec murailles et fortins. Remarquez en particulier les vestiges de la **nécropole**, qui contient une centaine de tombes collectives.

### DESIERTO DE TABERNAS★

***Plan détachable - carte routière F3***
*À 25 km au nord d'Almería.*
Ce paysage aride aux coteaux pelés confère à la région un aspect désolé, presque lunaire, qui rappelle l'Ouest américain. L'industrie du cinéma y a trouvé le décor idéal pour la majorité

Vadra/iStock

*Désert de Tabernas.*



de ses « westerns-spaghettis », comme *Pour une poignée de dollars*, *Et pour quelques dollars de plus*, ou *Le Bon, la Brute et le Truand* de Sergio Leone, et dans un autre genre quelques scènes de *Lawrence d'Arabie*.

**Oasys** – *1 km après la sortie de l'A 92 - ☏ 950 365 236 - www.oasysparquetematico.com - horaires, se rens. - 22,50 € (4-12 ans 12,50 €); parking 3 €.* Le charme opère lorsque l'on pénètre dans ce décor de cinéma reproduisant un village typique de l'Ouest américain, avec ses maisons en bois, son saloon, sa banque, son réservoir et tous les éléments caractéristiques des westerns traditionnels. On peut également visiter un grand zoo, profiter d'une belle piscine et assister à divers spectacles.

## PARQUE NATURAL DE CABO DE GATA-NÍJAR★

*À 37 km au sud-est d'Almería.*

Ce parc naturel occupe l'extrémité orientale du golfe d'Almería. Un chapelet de collines ocre et pelées surplombe la Méditerranée, dessinant ici et là falaises et calanques abruptes. Ses criques et ses plages de sable se révèlent idéales pour de délicieuses baignades, et ses eaux cristallines invitent à la plongée. Environ 2 km après le village côtier de San José (**F3**), se découvrent les magnifiques plages de **los Genoveses**★ et de **Monsul**★.

# Málaga★★

***Ouvrant sur les eaux de la mer Méditerranée, Málaga s'enorgueillit d'un passé historique qui a laissé dans ses vieux quartiers de singuliers monuments. Très dynamique, elle compte un port de commerce et de plaisance, d'élégantes promenades agrémentées de jardins, et des quartiers résidentiels, comme celui de La Caleta, dont les villas témoignent de l'essor économique de la ville au 19e s.***

▶ **Accès :** Située à l'embouchure du Guadalmedina, Málaga se trouve entre le parc naturel des monts de Málaga et la mer, à 59 km à l'est de Marbella, à 124 km au sud-ouest de Grenade et à 120 km de Ronda.
***Plan détachable - carte routière D3.***
▶ **Conseil :** Comptez une journée minimum pour la visite des monuments et une demi-journée supplémentaire pour flâner dans les jardins des alentours... et piquer une tête dans la mer.
*« Nos adresses » p. 114, 120, 125, 128 et 133.*



## ALCAZABA★★

*Calle Alcazabilla - 952 227 230 - 9h-20h (18h nov.-mars) - 3,50 €.*
Édifiée à partir de 1040 sur une colline dominant la ville, l'alcazaba était conçue à la fois comme une forteresse et comme un palais. C'est l'une des plus importantes constructions militaires musulmanes conservées en Espagne. De la rampe d'accès en zigzag qui part de la calle Alcazabilla, on apprécie la **vue** sur les vestiges de la muraille de brique. L'agréable promenade est jalonnée de portes fortifiées, ornées parfois de colonnes et de chapiteaux romains, comme la porte des Colonnes. Après avoir franchi la **tour du Christ**, utilisée comme chapelle après la Reconquête, on accède à la **première enceinte** (inférieure) où se trouvaient la cour d'armes, aménagée en espace vert, et les jardins, dont les allées sont bordées de bougainvilliers, jasmins et chèvrefeuilles. La **deuxième enceinte** (supérieure) protégeait le palais et ses trois cours. Profitez de la magnifique **vue★** sur la ville et le port du haut des murailles.

## MUSEO CARMEN THYSSEN★

*Calle Compañía, 10 - 902 303 131 - www.carmenthyssenmalaga.org - mar.-dim. 10h-20h - fermé lun. - 6 €; audioguide (langue au choix) 2 €.*
Remarquablement restauré, le **Palacio Villalón** (16e s.), à la belle façade Renaissance, accueille aujourd'hui 230 œuvres peintures réunie par **Carmen Cervera** (baronne Thyssen). Le principal thème abordé est la vision de l'Espagne par les peintres du 19e s. ». Le musée permet d'appréhender une période de l'art espagnol (entre Goya et Sorolla) encore mal connue.

CALZEDONIA
SUR

La première section présente un courant artistique espagnol, le « costumbrisme » (fin 18e-début 19e s.), qui revendique une représentation fidèle de la vie quotidienne et des coutumes. Se distinguent le Sévillan José Domínguez Bécquer, auteur notamment de vues de la Giralda, Manuel Barón y Castillo et ses paysages volontiers dramatiques *(Vista del Guadalquivir)*, et Eugenio Lucas, élève de Goya *(Maja del perrito)*. La deuxième section témoigne de la dérive de ce courant qui vire au folklore et livre une vision idéalisée, voire mièvre, de la société. Les palettes s'éclaircissent comme dans *Plaza de la Alfalfa*, de Joaquín Turina. La troisième section nous fait part d'une nouvelle tendance des artistes espagnols de la fin du 19e s. : sans délaisser les thèmes « nationaux », ces peintres font preuve d'une vigueur renouvelée : la corrida vue par Marià Fortuny se charge de drame et de mouvement ; la sombre *Sortie du bal masqué* de Raimundo de Madrazo a un côté inquiétant ; les paysages d'Emilio Sánchez-Perrier, et d'Enrique Martínez Cubells sont plus réalistes.



## CATEDRAL DE LA ENCARNACIÓN★

*Calle Molina Lario, 9 - ✆ 952 220 345 - http://malagacatedral.com - hiver : lun.-vend. 10h-18h30, sam. 10h-17h30, dim. et j. fériés 14h-17h30, été : lun.-vend. 10h-21h, sam. 10h-18h30, dim. et j. féries 14h-18h30 - 6 €. (lun.-vend. 9h-10h gratuit).*

La construction de la cathédrale s'étira du 16e au 18e s., d'où le mélange de styles très apparent, avec une prédominance du style Renaissance. La **façade** principale est de style baroque. Deux tours, dont celle de droite inachevée, lui ont valu le surnom populaire de « la Manchote » ; trois portails décoratifs ont été réalisés avec des marbres de différentes couleurs. À l'**intérieur**, on est d'emblée frappé par la monumentalité de cette église-halle. Pour assurer le soutien de la haute nef, l'architecte eut recours à une méthode originale, la superposition des supports : sur des piliers de colonnes fasciculées à chapiteaux corinthiens, il plaça des entablements soutenant un second niveau de piliers. Les travées sont couvertes de belles **coupoles sur pendentifs★** très décorées.
Les superbes **stalles★** (17e s.) du *coro*, qui occupe une grande partie de la nef principale, ont été partiellement réalisées par Pedro de Mena.
Les **chapelles latérales** recèlent des **œuvres★** remarquables, dont quatre sont logées dans la nef de la Epístola : la chapelle du Cristo de las Victorias abrite une *Mater dolorosa* de Pedro de Mena, au pied d'un Christ en Croix d'Alonso de Mena (17e s.) ; la chapelle du Sacré-Cœur présente un retable baroque avec des peintures de l'école castillane du 16e s. ; la chapelle del Rosario est présidée par une Vierge du Rosaire d'Alonso Cano ; et la chapelle de la Inmaculada Concepción doit son nom à une œuvre de Claudio Coello (17e s.)
Autour du **déambulatoire**, on retiendra : la chapelle de Nuestra Señora de los Reyes et son exquise

*Vierge à l'Enfant*; la chapelle de Santa Bárbara qui héberge un **retable gothique★**; la chapelle de la Encarnación o(18e s.), entièrement en marbre avec quatre monumentales colonnes d'agate.

**Visite des toits de la cathédrale** – *Achat des billets à Ars Málaga, dans le palais épiscopal - ✆ 952 221 835 - www.arsmalaga.es - visite guidée - été : mar.-dim., visite nocturne jeu.-sam. à 22h; reste de l'année : se rens. sur le site Internet - 6 € (nocturne 10 €).* Il faut monter plus de 200 marches pour accéder aux toits de la cathédrale, à 50 m du sol, d'où l'on jouit d'une vue à 360º sur la ville.

## MUSEO PICASSO★★

*Calle San Agustín, 8 - ✆ 902 443 377 - www.museopicassomalaga.org - ♿ - 10h-20h (19h sept.-oct. et mars-juin, 18h nov.-fév.) - 8 €.*

### Picasso et Málaga

*D'origine basque, José Ruiz Blasco, peintre quelque peu bohème, ne passa pas à la postérité grâce à ses pinceaux. Cet homme gagnait sa vie en sa qualité de professeur à l'école d'art de San Telmo à Málaga et de conservateur du musée des Beaux-Arts local. Et c'est le 25 octobre 1881 que sa jeune épouse María Francisca Picasso y López donnait le jour à leur fils Pablo dans leur appartement. Celui-ci n'allait pas avoir le temps de connaître sa ville natale, car, en 1891, le musée fermait et son père était contraint d'aller chercher fortune à La Corogne. Il semble que Pablo ne soit jamais revenu à Málaga.*

Le **palais de Buenavista**, élégant bâtiment Renaissance qui conserve de magnifiques plafonds *artesonados*, a été aménagé pour présenter une sélection de tableaux de **Picasso**, provenant des collections de Christine et Bernard Ruiz Picasso, belle-fille et petit-fils de l'artiste.

Huiles, dessins, gravures, sculptures et céramiques composent cette collection qui retrace l'œuvre aux multiples facettes d'un artiste toujours en quête de renouvellement. Parmi les merveilles présentées, citons : *Olga Khokhlova à la mantill*, peint en 1917 à Barcelone, directement liée à la tradition picturale espagnole; *Mère et enfant* (1921)*, avec ses volumes sculpturaux; Buste de femme, les bras croisés derrière la tête* (1939), très expressive; *Jacqueline assise* (1954) influencée par Matisse; *Suzanne et les vieillards* (1955), une réinterprétation de l'Ancien Testament; ou encore *Mousquetaire avec son épée* (1972).

Le sous-sol du bâtiment conserve des **vestiges** de murs et de fondations d'époques phénicienne, romaine et arabe. Pour terminer la visite, ne manquez pas de faire une halte paisible et bienfaisante dans la cafétéria du joli jardin.

## CENTRE POMPIDOU MÁLAGA★

*Pasaje Doctor Carrillo Casaux - Muelle 1 - ✆ 951 926 200 - www.centrepompidou.es - du 16 juin au 15 sept. : 11h-22h; du 16 sept. au 15 juin : 9h30-20h - fermé mar. - 7 €, exposition temporaire 4 €; billet combiné 9 €.*

Le Centre Pompidou de Málaga, succursale du Centre Georges-Pompidou de Paris, a ouvert ses portes en 2015 dans un endroit privilégié de la ville, au cœur du port de plaisance. Sous un grand cube de verre coloré, ce lieu très moderne compte 6 000 $m^2$ d'exposition et ravit les passionnés d'art contemporain avec les quelque 70 œuvres qui composent sa collection permanente. Pablo Picasso, René Magritte, Frida Kahlo ou encore Max Ernst y sont représentés.

## SANTUARIO DE LA VIRGEN DE LA VICTORIA★

*Pl. del Santuario (au bout de la calle Compás de la Victoria) - ✆ 952 252 647 - lun.-vend. 10h-13h - 2 €.* Ce sanctuaire fut fondé par les Rois Catholiques au 15e s. et reconstruit à la fin du 17e s. L'intérieur est représentatif du style baroque andalou, relativement sobre, où seuls quelques éléments architecturaux sont pourvus d'une décoration végétale. Remarquez les anges porteurs de torches qui défient les lois de la gravité... Œuvre maîtresse du baroque le plus exubérant, le fastueux **camarín★★** *(lun.-vend. 10h-13h - 2 €),* qui s'ouvre au centre du retable principal, est tapissé de chérubins, de feuilles d'acanthe, de cadres de miroirs, de blasons, etc. Y trône une superbe Vierge à l'Enfant allemande (15e s.). Si le *camarín* est d'un baroque joyeux, en revanche, la **crypte★** *(mêmes horaires et billet que le camarín),* panthéon des comtes de Buenavista, dégage une atmosphère plus lugubre : sur fond noir se détachent squelettes et crânes.



## LES PLAGES

La **Malagueta★** (♿), la plage la plus proche du centre-ville, est bordée d'une « croisette » plaisante. Légèrement excentrées à l'est, les plages de **Pedregalejo**, un ancien quartier de pêcheurs aux maisons basses, de **Las Acacias** et d'**El Palo** *(à 5 km)* se révèlent plus agréables. Bien aménagées, on y dénombre tous les services d'une station balnéaire.

# AUX ALENTOURS DE MÁLAGA

## JARDIN BOTANICO FINCA DE LA CONCEPCIÓN★

***Plan détachable - carte routière D3***

*À 7 km au nord de Málaga. Camino del Jardín Botánico, 3 - ✆ 951 926 180 - http://laconcepcion.malaga.eu - ♿ - avr.-sept. : 9h30-19h30 ; oct.-mars : 9h30-16h30 - fermé lun., 1er janv. et 25 déc. - 5,20 € (6-16 ans 3,10 €).*

### Les vins de Málaga

*Depuis l'Antiquité, les vins de Málaga sont très prisés. Les plus appréciés sont les vins doux ou semi-doux, affichant une teneur en alcool de 15 à 23°. Les deux cépages utilisés pour leur élaboration sont le pedro ximénez et le muscat. Cette seconde variété d'excellent raisin sert à l'élaboration du málaga dulce, qui accompagne les desserts. À citer également, le lágrima, très doux, et le pedro ximénez, élaboré avec le raisin du même nom.*

J. Alba/age fotostock

*La plage de Malagueta.*

La visite de splendide jardin d'espèces tropicales et subtropicales créé au milieu du 19e s. est un enchantement pour les sens, et l'occasion de flâner dans une « forêt tropicale » raffinée, parsemée de ruisseaux, d'étangs, restaurants, les discothèques et autres établissements de loisirs font de Nerja un lieu de villégiature très prisé.

## NERJA★

***Plan détachable - carte routière D3***

*À 57 km à l'est de Málaga.*

*Calle Carmen, 1 - www.nerja.org.*

Principal centre touristique de **la Axarquía★**, Nerja est un joli village d'origine arabe. Les derniers contreforts de la sierra d'Almijara expliquent l'aspect escarpé de cette côte jalonnée de belles plages à l'intérieur de criques. Les terrasses de cafés, les

### Balcón de Europa★

La grande place ombragée de palmiers domine la mer, ménageant de belles vues sur la côte accidentée.

### Cueva de Nerja★★

*À 4,5 km à l'est de Nerja - 952 529 520 - www.cuevadenerja.es - 10 € (6-12 ans 6 €).* Découverte en 1959, cette immense grotte d'origine karstique offre un magnifique décor de stalactites et stalagmites formées au cours des millénaires par les eaux d'infiltration. Un festival de musique et de danse prend place chaque année, en juin et juillet, dans ce lieu enchanteur.

# Costa del Sol★

***Trois mots suffisent pour définir la Costa del Sol : soleil, plages et… béton. Ajoutons-y le mot foule pour être exhaustif. Entre mer et montagnes, de jolis mais très touristiques villages escaladent les pentes, tandis que les stations balnéaires animées s'étalent le long de la côte.***

▶**Accès :** Une voie rapide, la N 340 prolongée en A 7, traverse la Costa del Sol depuis Málaga jusqu'à Tarifa (en été, les embouteillages y sont inextricables). Elle est doublée d'une autoroute à péage, l'AP 7-E 15, à partir de Fuengirola.
***Plan détachable - carte routière C3-4.***
▶**Conseil :** Les noctambules et les amoureux de la plage peuvent aisément passer plusieurs jours dans ce haut lieu du tourisme balnéaire.
*« Nos adresses » p. 116, 120, 125, 128 et 134.*

## CASARES



**C4** *Casa natal de Blas Infante - calle Carrera, 51.*
Les maisons de Casares, enfouies sous une végétation luxuriante, semblent suspendues au-dessus du vide. Son **quartier ancien★**, d'origine musulmane, est un labyrinthe de ruelles bordées de maisons basses aux toits ocre.

## ESTEPONA

**C4** *Pl. de las Flores, 5 - www.estepona.es.*
Au pied de la sierra Bermeja, Estepona est l'une des destinations phares de la Costa del Sol. Avec son **quartier ancien★**, le village conserve le charme des villages blancs andalous.

## SAN PEDRO DE ALCÁNTARA

**C3-4** *Calle Marqués del Duero, 69.*
En bord de mer de ce village, on trouve d'importants vestiges archéologiques : **Las Bóvedas**, construction thermale octogonale aux pièces voûtées (3e s.) ; la **basilique de Vega del Mar**, édifice paléochrétien (6e s.) ; une nécropole où l'on a mis au jour plusieurs tombes contenant de précieux trousseaux funéraires.

## PUERTO BANÚS

*Plaza de Antonio Bandera.*
Aux quais de ce port de plaisance sont amarrés les plus riches bateaux et de somptueuses voitures de sport sont garées devant les restaurants, bars, antiquaires et boutiques de luxe.

## MARBELLA★

**C3** *Glorieta de la Fontanilla, Paseo Marítimo - www.marbellaexclusive.com.*
Destination privilégiée de la jet-set, Marbella est synonyme de glamour, mais aussi de corruption. Les boutiques de luxe, les maisons de cure, les terrains de golf, les équipements

nito100/iStock

*La plage de Torremolinos.*



sportifs complètent l'offre touristique. Marbella n'en conserve pas moins un **quartier ancien** aux maisons blanches. La **place des Orangers★** est un endroit agréable pour s'installer à une terrasse.

## MIJAS★

**C3** *Av. Virgen de la Peña, 2 - www.mijas.es.*
Les maisons basses qui bordent les rues lumineuses du **vieux quartier★** accroché au versant de la montagne sont ornées de grilles artistiques. Le quartier est surprenant, et une infinité de détails méritent d'être photographiés. Une curiosité locale : les « burro-taxis », ânes qui promènent les visiteurs dans les rues pentues...

## BENALMÁDENA

**C3** *Avda Antonio Machado, 10 - www.benalmadena.com.*
Importante station balnéaire, Benalmádena jouit de températures exceptionnelles d'avril à novembre.

## TORREMOLINOS

**C3** *Paseo marítimo La Carihuela et pl. de las Communidades Autónomas.*
Dans les années 1950, de nombreux artistes et intellectuels ont choisi ce port de pêche comme lieu de villégiature. Mais aujourd'hui, l'architecture traditionnelle a fait place à des tours modernes. Le soleil, les plages immenses, l'ambiance cosmopolite de la ville attirent de nombreux vacanciers.

# Ronda★★

***Érigée sur un plateau rocheux, la ville domine la gorge vertigineuse du Tajo. En se promenant dans ses rues pavées de galets, le visiteur découvrira un patrimoine architectural d'une richesse fabuleuse, où se mélangent constructions musulmanes, églises, palais, ainsi que des arènes parmi les plus harmonieuses et les plus anciennes d'Espagne.***

▶**Accès :** À 147 km à l'est de Cadix et à 136 km au sud-est de Séville. La Costa del Sol est toute proche (50 km) : on peut la rejoindre en traversant la sierra Bermeja.
***Plan détachable - carte routière C3.***
▶**Conseil :** La ville mérite qu'on s'y attarde deux jours. Faites une longue promenade le matin et réservez les visites culturelles pour l'après-midi.
*« Nos adresses » p. 116 et 121.*



Au cœur de la **Ciudad★★**, la vieille ville arabe, vous serez séduit par les ruelles pittoresques où se concentrent musées, églises, couvents et demeures seigneuriales. Le faubourg, **El Mercadillo**, s'est quant à lui développé au 16e s. au-delà du Tajo. Quartier commerçant de la ville, il est relié à La Ciudad par le Puente Nuevo et le vieux pont romain (Puente Viejo).

## CASA DEL REY MORO★

La demeure abrite la **Mina**, un étonnant escalier secret creusé dans la roche au 14e s., qui permettait de s'échapper en cas d'invasion. La descente vertigineuse des 365 marches vous conduira droit à la rivière. En 1912, Jean Claude Nicolas Forestier, paysagiste français, fut chargé de dessiner les **jardins★**. Malgré l'étroitesse du terrain, il réussit à créer un véritable joyau. Sur les terrasses, des attributs musulmans traditionnels, comme les fontaines, les jets d'eau et les azulejos, se mêlent aux pergolas et aux parterres d'inspiration européenne.
*952 161 002 - 10h-20h - 5 €.*

## BAÑOS ÁRABES★

*656 950 937 - lun.-vend. 10h-19h (18h de fin oct. à fin mars), w.-end 10h-15h - 3,50 €.*
Construits à la fin du 13e s., ces bains sont parmi les mieux conservés d'Espagne. Situés près de la rivière, ils sont composés de trois salles couvertes de voûtes en berceau et percées d'ouvertures en forme d'étoile.

## IGLESIA DE SANTA MARÍA LA MAYOR

*952 874 048 - lun.-sam. 10h-20h (18h en oct.-mai), dim. 10h-12h30, 14h-20h (18h en oct.-mai) - 4,50 €.*
Cette église collégiale a été édifiée sur le site de la grande mosquée de

Bareta/iStock

*Le site de Ronda avec le Puente Nuevo.*



Ronda. Il ne reste du bâtiment primitif qu'une partie de l'arc du mihrab (dans la première salle), décoré d'atauriques et de calligraphies.

## PALACIO DE MONDRAGÓN - MUSEO MUNICIPAL DE RONDA★★

*✆ 952 870 818 - lun.-vend. 10h-19h (18h de fin oct. à fin mars), w.-end 10h-15h - 3 €.*
Le palais mêle le style mudéjar aux éléments Renaissance. À l'intérieur, voyez le **patio mudéjar**★★ et le **musée** qui présente une exposition sur le milieu naturel de la serranía et les sites archéologiques. Un chemin en escaliers mène à l'**Arco del Cristo** (18e s.) ; la **vue**★★ sur la gorge du **Tajo** et le pont y est splendide.

## PUENTE NUEVO★

Construit entre 1751 et 1793, le « pont neuf », qui relie les deux versants du Tajo, offre aux promeneurs une **vue** imprenable sur la vallée du Guadiaro.

## PLAZA DE TOROS - MUSEO TAURINO★

*Calle Virgen de la Paz, 15 - ✆ 952 874 132 - www.rmcr.org - ♿ - 10h-20h (19h en mars et oct. ; 18h janv.-fév. et nov.-déc. - 7 €.*
Construites en 1785, ces arènes, parmi les plus belles d'Espagne, comptent aussi, avec un diamètre de 66 m, parmi les plus vastes. On peut y visiter le **Musée taurin**, consacré en grande partie aux toreros locaux.

# Cadix★★

**Cádiz**

***Nichée sur l'île de León, Cadix s'inscrit au cœur d'un littoral de lagunes, de plages et de marais salants. En arrivant, on traverse une agglomération hérissée d'immeubles et parcourue de grandes avenues. Une fois franchie la puerta de Tierra, on découvre le quartier médiéval et la ville baroque.***

▶**Accès :** La ville est reliée à Séville (125 km au nord-est) directement par l'autoroute payante AP 4 ou, en passant par Jerez de la Frontera (35 km au nord-est), par l'A 4. On y accède aussi par l'A 384 puis l'A 382 depuis l'est, ou par l'A 48 depuis le sud.
***Plan détachable - carte routière B3 et plan de quartier p. 87.***
▶**Conseils :** La ville ancienne occupe un très petit périmètre (2 km$^2$ environ). Comptez deux jours. Accès à la plage de la Victoria en bus.
*« Nos adresses » p. 116, 121, 125, 129 et 134.*



## QUARTIERS DE SANTA MARÍA ET DEL PÓPULO

***Plan de quartier p. 87.***
Le quartier del Pópulo correspond à la ville médiévale primitive, celui de Santa María est un faubourg né au 15e s. et s'étend au-delà de l'arc des Blancs.

### IGLESIA DE SANTA CRUZ★

***B2*** *Pl. de Fray Félix - ✆ 956 287 704 - mar.-vend. 9h45-12h45, 17h30-19h, sam. 9h45-12h45, 17h30-18h30, dim. 10h-12h, 17h30-18h30 - fermé lun.*
Érigé à la fin du 16e s. sur le site d'une première église (13e s.), ce sanctuaire est appelé par les Gaditans l'ancienne cathédrale. La sobriété extérieure de l'ensemble n'est égayée que par quelques éléments de céramique vernissée. À l'intérieur, les vaisseaux, de belles proportions, sont séparés par des colonnes de style toscan. On remarquera la très populaire statue du Christ captif. Le retable de la *capilla mayor* est l'une des principales œuvres du baroque gaditan.

### MUSEO CATEDRALICIO★

***B2*** *Pl. de Fray Félix - ✆ 956 259 812 - www.catedraldecadiz.com - été : mar.-sam. 10h-16h; hiver : lun. 10h-14h, mar.-sam. 10h-19h - 5 € (billet combiné avec la cathédrale).*
Cet ensemble de quatre édifices regroupés autour d'un joli **patio mudéjar**★ (16e s.) abrite le musée de la Cathédrale, qui expose objets, vêtements, tableaux et documents liturgiques. On remarquera une statue originale de la Vierge de Guadalupe qui vient du Mexique (18e s.) et, dans la salle du Trésor, la clé del Sagrario de la Catedral Vieja (1783) en or avec des incrustations de saphirs blancs. Ne manquez pas l'**ostensoir del Cogollo** (16e s.), celui **d'Ana de Viya** (néogothique) et, surtout, celui **du**

**Million** (18e s.), qui comporte, dit-on, près d'un million de pierres précieuses.

## CATEDRAL★

*A1-2 Pl. de la Catedral - ✆ 956 286 154 - www.catedraldecadiz.com - 10h-21h (20h en avr.-juin et sept.-oct., 19h en mars) - 5 € (billet combiné avec le Museo Catedralicio).*
Sa construction fut décidée en 1722, après le transfert de la Chambre de commerce à Cadix, dans le but avoué de réaliser la « cathédrale des Amériques ». Commencée dans un style baroque très épuré, elle ne fut achevée, après bien des difficultés, qu'en 1853. La **façade néoclassique★★** est un jeu de surfaces concaves et convexes; elle est agrémentée de deux tours surmontées de petits temples qui ressemblent à des observatoires astronomiques. L'**intérieur** surprend par sa taille et sa luminosité. La **crypte★** circulaire abrite, sous son plafond plat, le tombeau du grand musicien Manuel de Falla, né à Cadix en 1876.



# LE CENTRE

## ORATORIO DE LA SANTA CUEVA★

*Calle Rosario, 10 - ✆ 956 222 262 - mar.-vend. 10h30-14h, 17h30-20h30 (16h30-20h sept.-juin), sam. 10h30-14h, dim. 10h-13h - fermé lun. - 3 €.*
Le sous-sol accueille une chapelle pénitentielle dont le seul ornement est un groupe sculpté avec le Christ en Croix. Au 1er étage se trouve la chapelle eucharistique, joyau de l'art néoclassique à la décoration exubérante. De forme elliptique, elle est couverte d'une coupole à lunettes ornée de plusieurs peintures dont trois sont de **Goya★** (1795).

## PLAZA DE MINA★

Au 19e s., on expropria des ordres religieux pour construire plusieurs places sur les terrains gagnés. Créée en 1838 dans le jardin du couvent de San Francisco, l'une de ces premières places fut la plaza de Mina. Aujourd'hui, c'est l'une des plus belles de Cadix avec sa végétation luxuriante qui lui donne un petit air colonial; remarquez les maisons *(nos 11 et 16)*, qui illustrent le style isabélin, ainsi que le palais néoclassique qui héberge le musée de Cadix.

## MUSEO DE CÁDIZ★

*Pl. de Mina - ✆ 856 105 023 - www.museosdeandalucia.es - ♿ - juin-sept. : mar.-dim. 9h-15h; oct.-mai : mar.-sam. 9h-20h30, dim. 9h-15h30 - fermé lun. - 1,50 €.*
Ce musée possède trois sections. Dans celle archéologique, on retiendra la partie dédiée au monde phénicien : les pièces les plus remarquables sont deux superbes **sarcophages anthropomorphes★★** de marbre blanc (5e s. av. J.-C.). On peut admirer aussi de superbes sarcophages égyptiens et une précieuse statuette du dieu Melkart. Dans la section des beaux-arts, où sont présentées en majorité des toiles d'origine espagnole, ne manquez pas la salle consacrée à **Zurbarán★**, avec neuf tableaux sur bois (peints entre 1638

| SE RESTAURER | | PRENDRE UN VERRE | | SE LOGER | |
|---|---|---|---|---|---|
| Freiduría Las Flores | 2 | La Marina | 2 | Hotel Patagonia Sur | 2 |
| Las Nieves | 1 | Taberna La Manzanilla | 1 | Pensión España | 1 |



et 1639). Ils révèlent la parfaite maîtrise du peintre dans les jeux d'ombre et de lumière et dans son expression naturaliste. La troisième section est ethnographique ; elle présente les décors originaux de la **Tía Norica★**, théâtre de marionnettes typiquement gaditan.

## ORATORIO DE SAN FELIPE NERI

*Calle Santa Inés - ✆ 662 642 233 - mar.-vend. 10h30-14h, 17h30-20h30 (16h30-20h30 sept.-mars), sam. 10h30-14h, dim. 10h-13h - fermé lun. - 3 €.*
Construite entre 1685 et 1719, cette église baroque est l'une des rares en

Andalousie à avoir un plan elliptique. On remarquera sur le retable du maître-autel une **Vierge Immaculée** du peintre espagnol Murillo.

### HOSPITAL DE MUJERES

*✆ 956 807 018 - juil.-août : lun.-vend. 8h-13h30 ; sept.-juin : lun.-vend. 10h-13h30, 17h30-20h30, sam. 10h-13h30 - fermé dim. - gratuit ; chapelle 1,50 €.*
Inauguré en 1749, il est l'un des principaux édifices baroques de Cadix. Le bâtiment s'organise autour de deux patios reliés par un monumental **escalier★** sous voûte. Dans le patio, remarquez le Chemin de Croix en azulejos de Triana (18e s.). La **chapelle del Carmen★** conserve un beau **Saint François★★** du Greco.



### TORRE TAVIRA★

*Calle Marqués del Real Tesoro, 10 - ✆ 956 212 910 - www.torretavira.com - mai-sept. : 10h-20h ; oct.-avr. : 10h-18h - 6 €.*
Aux 17e et 18e s., les marchands firent ériger plus de 160 tours pour afficher leur prospérité et surveiller l'arrivée de leurs bateaux. Il en reste encore 128, dont celle-ci. Sa situation, dans la partie haute de la ville, en a fait en 1778 la tour de guet officielle. Les entrées et les sorties des navires étaient contrôlées, moyennant un système compliqué de pavillons. On y a aménagé en 1995 la première **cámara oscura** d'Espagne, où un ingénieux dispositif de miroirs et de lentilles dispense de très belles vues sur la ville en direct sans avoir besoin de faire un pas.

## LE FRONT DE MER★

### ALAMEDAS★★

Construites au 20e s. à la mode des jardins sévillans, les **alamedas de Apodaca★★** et **del Marqués de Comillas★★** sont des promenades bordées d'arbres offrant des vues imprenables sur l'océan. Les jardins possèdent deux ficus rapportés d'Amérique par les sœurs franciscaines.

### PARQUE GENOVÉS★★

*Avda del Doctor Gómez Ulla - de 8h au coucher du soleil.* Ce jardin botanique, redessiné en 1892 par Gerónimo Genovés i Puig, est une véritable oasis de verdure où l'on peut se promener au calme et observer la diversité des espèces qui le composent.

### PLAYA DE LA CALETA★

Cet ancien port naturel est aujourd'hui la plage du quartier ancien. À l'une de ses extrémités, sur une petite île reliée au littoral par un bras de terre, se dresse le **château de San Sebastián** (18e s.). Au beau milieu de la plage trône le **Balneario de la Palma** (1926), établissement de bains qui abrite un centre d'archéologie subaquatique.

## AUX ALENTOURS DE CADIX

### VEJER DE LA FRONTERA★★

***Plan détachable - carte routière B4***
*À 50 km au sud de Cadix. ℹ Avda de los Remedios, 2 - www.turismovejer.es.*
Perché sur la colline dominant le río

J. Arnold Images/hemis.fr

*Vue sur la ville.*



Barbate, à quelques kilomètres de la côte, Vejer est l'un des plus envoûtants villages blancs d'Andalousie. Rues étroites et tortueuses, maisons blanchies à la chaux, patios luxuriants, tout concourt à refléter son héritage mauresque. L'enceinte, érigée au 15e s. pour repousser les incursions nasrides, a conservé quatre portes d'origine.

## Iglesia del Divino Salvador

*℘ 956 450 056 - culte : lun., merc. et vend. 18h30, sam. 19h.* L'église du Divin-Sauveur fut érigée sur le site de l'ancienne mosquée et en a conservé le minaret. À l'**intérieur★**, les vaisseaux manquent d'unité de style. La partie la plus ancienne se situe dans le chœur, où les éléments romans se mêlent à ceux gothiques.

## Convento de las Concepcionistas

Dans un quartier typique de Vejer, à côté de l'étrange **arc des Religieuses,** ce couvent du 17e s. à la façade classique abrite aujourd'hui un joli **musée des Coutumes et Traditions** *(lun.-sam. 10h-14h, 16h-18h - 1 €).* On pénètre dans la **forteresse** qui a beaucoup souffert de l'épreuve du temps par un charmant patio. Admirez la vue qui embrasse tout le village.

## Plaza de España

Elle doit son surnom (plaza de los Pescaítos) aux poissons qui ornent la fontaine centrale. C'est l'endroit le plus animé et le plus plaisant de la localité. L'**hôtel de ville** est entouré de palmiers et de maisons chaulées qui donnent à la place une touche coloniale.

# Jerez de la Frontera★★

***Cette dynamique cité viticole, mondialement connue pour son vin, le fameux xérès ou sherry, est une capitale culturelle au riche patrimoine artistique. Jerez est l'un des berceaux du flamenco, mais tient aussi sa renommée de ses traditions équestres, revitalisées par le renouveau de l'élevage des chevaux andalous, mis en valeur lors de la Feria del Caballo.***

▶**Accès :** À 35 km au nord-est de Cadix. L'A 4 la relie à Séville, à 90 km au nord. On rejoint Jerez par l'A 382 en venant de l'est, ou par l'A 4 et la N 443 du sud.
***Plan détachable - carte routière B3.***
▶**Conseil :** Comptez un à deux jours pour bien visiter la ville, ses musées et la chartreuse. Évitez la ville lors du Grand Prix moto. Vérifiez les heures de visite des églises à l'office de tourisme.
*« Nos adresses » p. 117, 121, 125, 129 et 134.*

*Office de tourisme – Pl. del Arenal (Edif. Los Arcos) - 956 338 874 - www.turismojerez.com*
Jerez a conservé un important patrimoine architectural gothique. Le **quartier historique**★★ se compose d'une charmante ville médiévale, essaimée d'églises de la Reconquête.



## PLAZA DEL MERCADO

Remarquez la façade chargée du **palais de Riquelme**, seul vestige du bâtiment Renaissance.

## IGLESIA DE SAN JUAN DE LOS CABALLEROS

*Pl. Melgarejo - 630 230 177 - lun. 11h-14h, 16h-20h.*
L'église, d'extérieur très sobre, est dans son ensemble du 15e s. À l'intérieur, une superbe **abside polygonale**★ à neuf côtés (14e s.) est coiffée d'une voûte à dix nervures décorées en zigzag, qui s'appuient sur de fines colonnes.

## PLAZA DE LA ASUNCIÓN

Le bâtiment Renaissance du **Cabildo**★★ (1575) se dresse sur l'un des côtés de la place : sa façade présente un décor de grotesques et d'amours, accompagnés des statues d'Hercule et de Jules César entourées par les Vertus cardinales.

## CATEDRAL★★

*Pl. de la Encarnación - 956 169 059 - lun.-sam. 10h-18h30 - 5 €.* Son allure imposante et le **dôme**★ du transept se remarquent depuis de nombreux points de la ville. Elle combine des éléments baroques sur les portails et les tours avec des éléments gothiques. À côté de la cathédrale, se dresse le **palais del Marqués de Bertamati**★ dont la façade est l'une des plus

impressionnantes de Jerez. Le portail de **gauche**★ présente deux registres séparés par un beau balcon de ferronnerie.

## ALCÁZAR★★

*Alameda Vieja - ☎ 956 149 955 - juil.-sept. : lun.-vend. 9h30-17h30, w.-end. 9h30-14h30 ; oct.-juin. : lun.-vend. 9h30-14h30 - 5 € (7 € avec la cámara oscura).*
D'ici s'offre la plus belle **vue**★ sur la cathédrale. L'alcázar faisait partie de l'enceinte fortifiée longue de 4000 m qu'érigèrent les Almohades au 12e s. Dans son enceinte, la salle de prière de la **mosquée**★★ est couverte d'une ravissante coupole octogonale. Dans la **cámara oscura**, un jeu de loupes et de miroirs offre une **vue**★★ aérienne de Jerez.



## IGLESIA DE SAN MIGUEL★★

*Pl. de San Miguel - ☎ 956 343 347 - lun.-vend. 9h30-13h30 (le soir : se rens.) - 2 €.*
La façade dite de Saint Joseph fut élevée en 1480 dans un style très inspiré des Flandres. Dans le chœur, le **retable**★ fin de la Renaissance est extraordinaire.

## PALACIO DEL TIEMPO - MUSEO DE RELOJES★

*Calle Pizarro, 19 - ☎ 956 182 100 - www.museosdelaatalaya.com - visite guidée : lun.-vend. à 9h30, 10h30, 11h30, 12h30 et 13h15 - fermé w.-end - 6 €.*
L'un des seuls musées des horloges du pays occupe le palais de l'Atalaya. Il rassemble une incroyable collection de 312 horloges en parfait état de marche.

## REAL ESCUELA ANDALUZA DEL ARTE ECUESTRE★

*Avda del Duque de Abrantes - ☎ 956 318 008 - www.realescuela.org.*
★★ **Spectacle** – *À 12h ; se rens. sur les jours - de 21 à 27 € - réserv. conseillée.*
*La Danse des chevaux andalous* est un ballet équestre exécuté par des chevaux andalous et des cavaliers en costume du 18e s.
**Visite guidée** – *Lun., mar. (janv.-fév.), merc. et vend. (sf août-sept.) 10h-14h ; 11 €.* Elle comprend la visite des jardins, des installations, des écuries, des salons du palais, des musées de l'Art équestre et de l'Attelage et les entraînements des chevaux *(11h-13h).*
Le **musée de l'attelage** *(4,50 €)* présente une belle collection d'**attelages anciens**★.

# AUX ALENTOURS DE JEREZ DE LA FRONTERA

## CARTUJA DE SANTA MARÍA DE LA DEFENSIÓN★★

**(Chartreuse de Santa María de la Defensión)**
*À 5 km au sud-est.*
*Carr. Jerez-Algeciras, km 5 - ☎ 956 156 465 - ouv. seult pendant les messes : mar. et sam. à 8h15, dim. et lun. à 17h30 - jardins et patio : 7h-18h.*
Au fond de la cour, on est frappé par la **façade**★★ de l'église qui forme une sorte de retable. À l'intérieur, la nef est coiffée de voûtes en croisée d'ogives.

# Route des Villages blancs★★

**Ruta de los Pueblos Blancos**

***La route des Villages blancs, l'une des plus belles d'Espagne, sillonne de fabuleux paysages montagneux, des sites sauvages, désolés par endroits, et des vallées verdoyantes. Au fil du voyage s'égrènent des villages d'origine mauresque, que dominent les ruines d'un château ou la silhouette d'une église.***

▶**Texte :** Entre Arcos de la Frontera et Ronda, cette région montagneuse est formée par les sierras de Grazalema, d'Ubrique, de Margarita et de Ronda. Arcos de la Frontera se trouve à 67 km de Cadix par l'AP 4 et l'A 382 et à 116 km de Séville par l'AP 4.
***Plan détachable - carte routière BC3.***
▶**Conseil :** Comptez deux à trois jours pour découvrir les villages, en incluant Ronda (*p. 82*).
*« Nos adresses » p. 117 et 134.*



## ARCOS DE LA FRONTERA★★

***B3*** *Cuesta de Belén, 5 - www.turismoarcos.com.*
En venant de Jerez, on est saisi par la beauté du site. La ville, juchée sur un éperon rocheux, invite à un voyage dans le temps.
La tour imposante de l'église de **Santa María** s'élève sur la plaza del Cabildo. On y trouve aussi l'**hôtel de ville**, le parador, et le château (privé). À l'ouest, une terrasse domine la vallée avec une **vue★** merveilleuse.
**Iglesia de Santa María de la Asunción★** - *956 702 264 - lun.-vend. 10h-12h45, 16h-18h45 (15h30-18h15 en hiver), sam. 10h-13h30 - fermé dim. et janv.-fév. - 2 €.*
Construite vers 1530, l'église occupe l'emplacement de l'ancienne grande mosquée. La **façade principale★**, d'Alonso de Baena, est une parfaite illustration de l'art plateresque. Au maître-autel, un **retable★★** du 17e s., œuvre de Jerónimo Hernández et Juan Bautista Vázquez, représente l'Assomption de la Vierge.
Les **fresques★** représentant le Couronnement de la Vierge, ont été déplacées sur le mur latéral gauche.
Dépassez la **façade Renaissance★** du **couvent de la Encarnación** et poursuivez par la calle Marqués de Torresoto où, au n° 4, on peut admirer le patio classique (17e s.) du palais des marquis de Torresoto. Au bout de la rue, sur une place, on peut voir le couvent de las Mercedarias Descalzas *(vente de pâtisseries)* et la maison inachevée des Jésuites (18e s.), qui abrite aujourd'hui le marché.

*Par la calle Boticas et la calle Nuñez de Prado, on accède à un autre quartier.* Autour de l'église de San Pedro s'élèvent la **chapelle de la Misericordia** et le **palais del Mayorazgo**, avec sa façade terminée par une loggia Renaissance *(pinacothèque et salles d'expositions)*. Dans la partie basse de la ville, le **couvent de la Charité★**, du milieu du 18e s., présente un aspect colonial. Admirez le beau porche à l'entrée de l'église.
La route offre des points de **vue★** magnifiques sur Arcos. À 7 km en direction du nord *(bifurquer avant d'atteindre El Bosque)*, on traverse **Prado del Rey**, fondé au 18e s. par **Charles III**, dont le plan orthogonal, caractéristique du Siècle des Lumières, le distingue des autres villages blancs.



## UBRIQUE

***C3*** *À 42 km au sud-est d'Arcos de la Frontera.*
*Calle Moreno de la Mora, 19 - www.ayuntamientoubrique.es.*
La **route★** qui s'enfonce dans la sierra de Grazalema est la plus belle partie du circuit. La petite ville d'Ubrique s'étire sur la colline de la Cruz del Tajo, l'un des plus beaux **sites** de toute la sierra. La localité est devenue le principal centre commercial et industriel de la région, en particulier dans le domaine de la maroquinerie. La partie haute du village est la plus intéressante. Située au-delà de la **plaza del Ayuntamiento**, elle est dominée par l'église de **Nuestra Señora de la O** (18e s.).

## VILLALUENGA DEL ROSARIO

*À 13 km à l'est d'Arcos d'Ubrique.*
Le paisible village a la particularité d'être le plus élevé de la province et possède le charme d'un lieu peu visité, avec ses ruelles bordées de maisons chaulées.

## GRAZALEMA★

***C3*** *À 13 km au nord de Villaluenga del Rosario.*
C'est sans aucun doute l'un des villages les plus intéressants du circuit. La route qui y mène est bordée d'une végétation dense et, une fois passé le col de los Alamillos, surgit le **pic del Peñón Grande** (plus de 1000 m d'altitude), qui, tel un aigle aux aguets, veille sur le village.
De la période mauresque subsistent la configuration des rues et le clocher de l'église de **San Juan**. La tour de l'église de **la Encarnación** (16e s.), la plus ancienne du village, est d'origine mudéjare. Sur la belle **plaza de España**, l'église de la **Aurora** (18e s.) est l'emblème de la période faste du village.

### Grazalema : le village le plus pluvieux d'Espagne

*Aussi paradoxal que cela puisse paraître, le village le plus pluvieux d'Espagne se trouve en Andalousie. En effet, les nuages chauds chargés d'humidité en provenance de l'océan Atlantique se heurtent dans la région de Cadix à une succession de chaînes et se déversent en pluies torrentielles pouvant atteindre les 2 200 l/m².*

## RONDA★★

*C3 À 33 km à l'est de Grazalema.* *p. 82.*

## SETENIL DE LAS BODEGAS★

*C3 À 18 km au nord de Ronda. Calle Villa, 2 - www.setenildelasbodegas.es.*
Il est le seul village de cette région d'Andalousie où subsistent des habitations troglodytiques. Les calles de **Cuevas del Sol** et **Cuevas de la Sombra** en sont un bel exemple. L'office de tourisme abrite un superbe *artesonado* du 16e s. Dans la partie haute du village se détache le donjon.

## OLVERA

*C3 À 16 km au nord-ouest de Setenil de las Bodegas.*
Le village occupe un magnifique **site★★** au sommet d'une colline. On est frappé par l'imposant donjon du château et la silhouette néoclassique de l'église de la Encarnación, qui dominent le quartier ancien. Olvera doit sa renommée à son huile d'olive, qui passe pour être l'une des meilleures d'Espagne.

## ZAHARA DE LA SIERRA★

*À 30 km au sud-ouest d'Olvera.*
Appelé autrefois « Zahara de los Membrillos », ce village devait son nom à son importante production fruitière (*membrillo* signifie « coing »). Son **site★★** privilégié au sommet d'une colline en fit aussi l'un des maillons du système défensif nasride. Au pied de Zahara de la Sierra s'étire une vallée verdoyante marquée par le **lac du barrage de Zahara**. L'été, on peut s'y baigner.

## VILLAMARTÍN

*B3 À 32 km à l'ouest de Zahara de la Sierra.*
La « ville de Martín » est un lieu à part, fondé en 1503 par un groupe de colons, en majorité des cultivateurs, qui s'établirent sur des terres cédées par la ville de Séville. Ne manquez pas la plaza del Ayuntamiento. La calle El Santo est bordée de demeures seigneuriales, comme le **palais de los Ríos** (19e s.). Cette rue, redessinée lors de l'Exposition ibéro-américaine de 1929, est un bel exemple de l'architecture du début du 20e s.
À 1 km du village par l'A 382 en direction de Jerez se trouve la plus grande **plantation de tamaris d'Europe** (site protégé).
Environ 4 km au sud de Villamartín, le **dolmen d'Alberite** (vers 4000 av. J.-C.) abrite une galerie de 20 m formée de grandes dalles de pierre et une chambre funéraire.

## BORNOS

*B3 À 11 km au sud-ouest de Villamartín.*
Bornos, qui n'a rien d'un village blanc de montagne, s'étend paisiblement au bord de la retenue d'eau qui porte son nom. Son patrimoine architectural est l'un des plus riches de cette partie de l'Andalousie. Sur la plaza del Ayuntamiento se dresse le **château des Ribera★**. À l'intérieur, on remarquera l'élégant **patio★** Renaissance ; il donne accès à l'un des bijoux les mieux cachés de Bornos : un jardin du 16e s.

# Costa de la Luz★★

***Le nom de « Côte de la Lumière » désigne la côte atlantique de l'Andalousie, qui s'étire de la frontière portugaise jusqu'à Tarifa. La quiétude et le soleil sont garantis dans les stations balnéaires au sud, jusqu'à Zahara de los Atunes, dont les plages figurent parmi les plus belles de la péninsule. Enfin, la pointe de Tarifa est sans doute l'adresse branchée de cette côte : kitesurf, mojitos et discothèques au programme !***

▶**Accès :** Située à l'embouchure du Guadalquivir, Sanlúcar de Barrameda se trouve à 22 km au nord-est de Jerez de la Frontera et à 23 km au nord-ouest d'El Puerto de Santa María.
***Plan détachable - carte routière B3-4.***
▶**Conseil :** N'hésitez pas à passer plusieurs jours dans cette région aux plages et à la gastronomie réputées. L'idéal est de disposer d'un véhicule.
*« Nos adresses » p. 117, 129 et 134.*

## SANLÚCAR DE BARRAMEDA★

***B3*** *Calzada de Duquesa Isabel - www.sanlucarturismo.com.*
Installée face à l'océan Atlantique, la paisible ville de Sanlúcar s'étend sur une terre sablonneuse qui produit l'un des meilleurs vins secs de l'Andalousie, le manzanilla. La ville haute, ancienne, voit foisonner les caves ; la ville basse est animée par le commerce.
**Herederos de Argüeso** – *Calle Mar, 8 - 627 674 331 - www.argueso.es - lun.-sam. à 11h (en anglais) et 12h (en espagnol) - 6 € - visite des caves illuminées le vend. à 20h30 (réserv. préalable) - 12 € (couple 20 €).*

## CHIPIONA

***B3*** *À 10 km au sud-ouest de Sanlúcar.*
*Calle del Castillo, 5 - www.turismochipiona.es.* Très paisible l'hiver, la station balnéaire accueille l'été bon nombre de touristes venus profiter des plages magnifiques, telle la **plage de la Regla★**, et du climat agréable. Chipiona est un bon point de départ pour explorer la région.



## ROTA

***B3*** *À 16 km au sud de Chipiona.*
*Castillo de Luna - calle Cuna, 2 - www.aytorota.es/descubrerota.*
Ses 16 km de plages, à l'abri des vents violents qui soufflent sur les autres villages de la côte, sont envahis par les vacanciers durant l'été.
La **vieille ville★** de Rota se trouve sur une langue de terre entre les plages de **la Costilla★** et du Rompidillo. Les rues étroites et les maisons basses font tout le charme de ce village de pêcheurs.
Ne manquez pas de visiter l'église de **Nuestra Señora de la O★**, dont l'intérieur date de la fin de la période gothique, et le **château de Luna**, du 13e s.

## EL PUERTO DE SANTA MARÍA

***B3*** *À 22 km à l'est de Rota.*
*Pl. Alfonso X El Sabio, 9 - www.turismoelpuerto.com.*
C'est dans le petit port d'El Puerto de Santa María que **Juan de la Cosa** réalisa sa **mappemonde** (1500), où figurèrent pour la première fois les terres américaines récemment découvertes. Aux 16e et 17e s., après la découverte de l'Amérique, la ville s'enrichit grâce au commerce avec les Indes.
L'imposant **portail du Soleil★**, qui s'ouvre sur la plaza de España, mêle une multitude d'ornements plateresques et baroques.
**Les plages** constituent l'un des principaux attraits de la ville qui, en sa qualité de station balnéaire, vit essentiellement l'été.



### Fundación Rafael Alberti★

*Calle Santo Domingo, 25 - ✆ 956 850 711 - www.rafaelalberti.es - mar.-vend. 10h-14h, w.-end 11h-14h - 4 €.* Peintre et poète, communiste et antifranquiste, Rafael Alberti (1902-1999) fit partie de la Génération de 1927, mouvement artistique qui réunissait entre autres Lorca et les frères Machado. Un **alphabet★** unissant poésie et calligraphie est exposé.

### Castillo de San Marcos★

*Pl. Alfonso X El Sabio - ✆ 627 569 335 - visite guidée (en espagnol et en anglais) - horaires variables : se rens. auprès de l'office de tourisme - 6 €.* Au 13e s., Alphonse X édifia un premier château-église sur le site de la grande mosquée de la cité musulmane d'**Alcanatif**. Il fut ensuite transformé et agrandi aux 14e et 15e s.
Construites en 1880, les **arènes** (60 m de diamètre) comptent parmi les plus grandes d'Espagne et peuvent accueillir 12 000 spectateurs lors des corridas données chaque dimanche au mois d'août.

### Monasterio de Nuestra Señora de la Victoria

*Explanada de la Estación (en dehors de la ville) lun.-vend. 10h-13h - gratuit.* L'exubérance des ornements du **portail★**, flanqué de deux contreforts prolongés par des pinacles élaborés, tranche avec l'austérité de la façade extérieure.

## CADIX★★

***B3*** *À 20 km au sud d'El Puerto de Santa María.* *p. 84.*

## SAN FERNANDO

***B4*** *À 15 km au sud-est de Cadix.*
*Calle Real, 26 - www.turismosanfernando.org.*
Cette belle ville est étroitement liée à Cadix du fait de son histoire.

### Observatorio Astrónomico de Marina

*Calle Cecilio Pujazón - ✆ 956 545 099 - juil.-sept. seult : se rens. auprès de l'office de tourisme (groupes tte l'année sur réserv.).* Cet édifice néoclassique, fondé par Jorge Juan en 1753, est le principal bâtiment civil de la ville. C'est là que se calcule notamment l'heure officielle espagnole.

## CHICLANA DE LA FRONTERA

***B4*** *À 13 km au sud-est de San Fernando.*
*Calle la Plaza, 3 - www.turismochiclana.es.; Urbanización Novo Sancti Petri, plage de la Barrosa.*
Entourée de marais salants et de champs, cette localité n'en demeure pas moins l'une des stations balnéaires les plus importantes de la province. À 7 km à peine, la **plage de la Barrosa★★**, l'une des plus belles du littoral andalou, déroule 8 km de sable fin.

## CABO DE TRAFALGAR★

***B4*** *À 34 km au sud de Chiclana de la Frontera.*
C'est au large de ce cap qu'eut lieu, le 21 octobre 1805, la célèbre bataille navale entre la France, l'Espagne et la Grande-Bretagne *(voir encadré ci-dessous)*. Méfiez-vous, au large du promontoire où se dresse le phare, la mer est dangereuse.

### *La bataille de Trafalgar*

*Le 21 octobre 1805, au large du cap de Trafalgar, tout proche de Vejer de la Frontera, la flotte anglaise commandée par l'amiral Nelson affronta l'armada franco-espagnole, menée par Villeneuve. La célèbre bataille navale, au cours de laquelle Nelson et les Espagnols Gravina et Churruca furent tués, se solda par une déroute franco-espagnole qui porta le coup de grâce à la marine espagnole. Napoléon perdit en même temps toute chance d'envahir un jour l'Angleterre.*

À l'est du cap s'étire la station de **Los Caños de Meca**. Plusieurs plages sont accessibles par la route, puis se succèdent les **criques★★** de la côte rocheuse.

## PARQUE NATURAL DE LA BREÑA Y MARISMA DE BARBATE★

*À 8 km à l'est de Cabo de Trafalgar.*
Ce parc naturel de 5 000 ha abrite des falaises creusées de criques insoupçonnées, des fonds marins riches (malheureusement menacés) et l'embouchure marécageuse du Barbate. Couvert d'une végétation de type méditerranéen où domine le pin parasol, il constitue un refuge pour les oiseaux migrateurs.

## CONJUNTO ARQUEOLÓGICO DE BAELO CLAUDIA★

*À 46 km au sud-est du parc de La Breña.*
*Ensenada de Bolonia - 956 106 793 - du 16 juin au 15 sept. : mar.-dim. 9h-15h ; du 16 sept. au 31 mars : mar.-sam. 9h-18h, dim. 9h-15h ; du 1er avr. au 15 juin : mar.-sam. 9h-20h, dim. 9h-15h - fermé lun. - 1,50 €.*
Adossé aux collines, le site de Bolonia se situe dans le **parc naturel maritime-terrestre du Détroit**. Les maisons du village donnent sur une très belle **plage★**. De la cité romaine subsistent les fondations des grandes portes, les colonnes de la basilique, les ruines du théâtre et des thermes. En descendant vers la plage, on voit les vestiges des **ateliers de salaison**.

B. Welsh/age fotostock

*Kitesurfing sur la plage de Tarifa.*

## TARIFA★

***B4** À 23 km au sud-est d'Ensenada de Bolonia.*
*Paseo de la Alameda (en haut) - www.aytotarifa.com.*
La ville la plus méridionale d'Europe est aussi celle du vent, qui souffle ici très fort et fait son succès auprès des véliplanchistes et kitesurfeurs.

### Centro histórico★

Construite après la reconquête de Tarifa, la porte de Jerez *(Puerta de Jerez)* s'ouvre au nord de la vieille ville. La calle de Colón mène au marché de style néomudéjar, où l'on trouve du poisson à petits prix. Depuis la plaza del Viento, le **belvédère du détroit** offre un inoubliable **panorama**★★ sur la côte africaine.

### Castillo de Guzmán El Bueno

*Calle Guzmán El Bueno - ✆ 956 570 672 - Sem. sainte-oct. : 9h30-20h30 ; reste de l'année : mar.-dim. 11h30-17h30 - 4 € (12-18 ans 2,50 €).* Dressé face à l'océan, c'est l'un des plus anciens châteaux d'Andalousie. Sa construction débuta en 960, mais le château doit son aspect actuel aux agrandissements qu'il subit par la suite.

### Les plages

Tarifa compte deux agréables plages : la **playa Chica** (petite plage), une petite crique près du port, et l'extraordinaire **playa de los Lances**★, de l'autre côté de l'île de las Palomas.

# Gibraltar★

***Ce promontoire montagneux marque l'extrême sud de l'Europe et le passage étroit (15 km) entre l'Espagne et le Maroc, où la mer Méditerranée rencontre l'océan Atlantique. Perpétuellement battu par les vents, le détroit lie plus qu'il ne sépare les deux continents et reste un lieu de passage sillonné sans relâche par les cargos, les pétroliers et les ferries, tandis que, sur ces mêmes eaux agitées, de jeunes Africains prennent tous les risques pour rejoindre l'Europe.***

▶**Accès :** À l'extrémité sud de l'Espagne, Gibraltar, Algésiras et Tarifa forment le Campo de Gibraltar.
***Plan détachable - carte routière C4.***
▶**Conseil :** Comptez 2 jours minimum et ne ratez pas le rocher des Singes si vous êtes avec des enfants.
*« Nos adresses » p. 117, 129 et 134.*

*Bureau principal : Duke of Kent House - Cathedral's Square - 200 74 950 - www.visitgibraltar.gi - lun.-vend. 9h-17h30 - fermé w.-end.*

### Un lieu stratégique

*C'est ici que débarqua en 711 un chef berbère, Tarik ibn Ziyad, à la tête des troupes maures qui allaient conquérir toute la péninsule. Gibraltar tire son nom actuel de « djebel Tarik », qui signifie le « mont de Tarik ». Au 14e s., le rocher fut le théâtre d'affrontements terribles entre musulmans et chrétiens, avant d'être reconquis par le duc de Medina Sidonia en 1462. Puis la place sombra peu à peu dans l'oubli jusqu'à ce qu'au 18e s., pendant la guerre de Succession d'Espagne, les Anglais l'envahissent à leur tour. Depuis lors, l'Espagne s'efforce en vain de recouvrer sa souveraineté sur cette partie de son territoire.*

## MAIN STREET

La rue principale de Gibraltar regroupe presque tous les commerces. Les prix ne sont plus aussi compétitifs qu'il y a quelques années, mais la promenade vaut le détour. L'euro est accepté presque partout. En chemin, vous découvrirez la **cathédrale catholique**, élevée sur l'emplacement de l'ancienne grande mosquée, et le **couvent**, où réside le gouverneur depuis 1728. Plusieurs fois par jour, on peut assister à la relève de la garde.

## GIBRALTAR MUSEUM

*18/20 Bomb House Lane - 200 74 289 - www.gibmuseum.gi - lun.-vend. 10h-18h, sam. 10h-14h - fermé dim. - 2 £.*

Situé dans le centre-ville, dans une maison coloniale construite sur les **bains arabes★** (14e s.), le musée expose divers objets qui évoquent

swilmor/iStock

*Gibraltar et son rocher.*



l'histoire du territoire, comme le célèbre **crâne de Gibraltar** (celui d'une femme néandertalienne découvert en 1848). Possession anglaise depuis 1713, Gibraltar a servi de base de départ pour les opérations militaires alliées en Afrique du Nord à partir de 1942. Ne manquez pas l'immense **maquette**★ reproduisant le rocher (1865).

## UPPER ROCK★

### (Partie haute du rocher)

*✆ 200 74 950 (office de tourisme) - 9h30-18h30 - 10 £ (5-12 ans 5 £). On peut atteindre le sommet du rocher par le funiculaire (14,50 £ AR, enf. 6 £ AR), en voiture (2 £) ou à pied (0,50 £, sans les attractions). Départ du funiculaire (✆ 200 12 761 - www.gibraltarinfo.gi) de Red Sand Road : 9h30-19h15 (17h15 en hiver).*

Cette partie du rocher, déclarée **Réserve naturelle**, est l'un des endroits les plus plaisants de Gibraltar. On remarquera les singes, ramenés d'Afrique du Nord par les troupes anglaises à la fin du 18e s. Méfiez-vous d'eux car ils ont la fâcheuse habitude de voler la nourriture et n'hésitent pas à mordre !

**Moorish Castle** (Château arabe) – Idéalement placé pour surveiller toute la baie, il occupait une position stratégique. Il fut édifié au 14e s., très certainement sur les ruines d'un château du 8e s. Le donjon est remarquable.

**The Great Siege Tunnels** (Tunnels du Grand-Siège) – Il est possible de visiter cet impressionnant ensemble de galeries (près de 60 km) creusé par les Anglais pour défendre le rocher lors du siège franco-espagnol (1779-1783).

**St-Michael's Cave** (Grotte de St-Michael) – D'après la tradition, cette grotte n'aurait pas de fond et un tunnel rejoindrait la côte africaine. Dans ses profondeurs (jusqu'à 62 m), les stalactites et stalagmites ont donné naissance à de singulières formations. La salle principale a été aménagée en salle de spectacle.

## EUROPA POINT

### (Punta Europa)

À l'extrémité sud du rocher, on a de belles **vues** sur les côtes africaines depuis ce phare. Non loin, on trouve la **chapelle de Nuestra Señora de Europa**, dédiée à la patronne de Gibraltar, et la mosquée d'Ibrahim al-Ibrahim.

# Huelva et les Parques nacionales★★

***Ces deux parcs sont les joyaux de la province de Huelva. Le Parc national de Doñana, avec sa grande variété de milieux naturels délivre un spectacle fascinant en hiver quand plus de cent cinquante espèces d'oiseaux aquatiques y élisent domicile. Le parc naturel de la Sierra de Aracena y Picos de Aroches se distingue par ses charmants villages au sein d'un paysage splendide.***

▶**Accès :** Huelva est située entre les embouchures du Tinto et de l'Odiel, à 94 km à l'ouest de Séville et à 32 km à l'est du Portugal. Le territoire de Doñana est divisé en deux parties : le parc national (à 30 km à l'est de Huelva), réserve protégée, et le parc naturel. Le parc naturel de la sierra d'Aracena couvre l'extrémité nord de la province de Huelva.

***Plan détachable - carte routière A2-AB3.***

▶**Conseil :** Prévoyez une demi-journée pour visiter Huelva et au moins deux jours pour profiter des parcs. En haute saison, réservez plusieurs semaines à l'avance pour visiter le parc de Doñana.

*« Nos adresses » p. 117, 121, 125, 129 et 134.*



## HUELVA★

***A2*** *Calle Jesús Nazareno, 21 - 959 650 200 - www.turismohuelva.org - lun.-vend. 9h-19h30, w.-end et j. fériés 9h30-15h - fermé 1er janv. et 25 déc.* Capitale industrieuse de la province occidentale de l'Andalousie, Huelva se dissimule dans un estuaire, entre marais et canaux, qui ouvre sur l'océan Atlantique. « Lieu colombin » par excellence, la ville a su entretenir au fil des siècles des liens étroits avec les nations hispano-américaines. Lors de son passage à Huelva, Christophe Colomb fit une halte dans ce **Santuario de Nuestra Señora de la Cinta** qui se trouve en dehors de la ville, au bout de l'élégant paseo del Conquero.

### CATHÉDRALE

*959 243 036 - mar.-vend. 11h-13h, dim.-lun. 18h-20h - fermé sam.* Dotée d'une façade de style Renaissance, elle fut édifiée en 1605 et convertie en cathédrale en 1953. Elle conserve la sculpture du Christ de Jérusalem et une belle Vierge au Ruban, patronne de la ville.

### BARRIO REINA VICTORIA★

**(Quartier Reine Victoria)**

Les maisons de style anglais, construites par la compagnie minière anglaise Río Tinto Company Limited pour y loger des ouvriers, forment un ensemble architectural original au cœur de la ville.

## PARQUE NACIONAL DE DOÑANA★★★

**AB3** *www.donanavisitas.es*

En raison du fragile équilibre écologique du parc national, les accès sont rigoureusement contrôlés. Les visites ne s'effectuent qu'en 4x4 au départ d'**El Acebuche**, en bateau depuis **Sanlúcar de Barrameda**, à pied ou à cheval.

Avec ses 50 000 ha, Doñana est l'un des plus grands parcs nationaux d'Europe. Il est constitué de vastes pinèdes, de zones couvertes de maquis ou « cotos », de dunes mouvantes au creux desquelles poussent des pins, de marais et de zones inondables plantées de saules, de fougères ou de roseaux. De cette diversité découle la richesse d'une faune terrestre. Les **marécages**, d'une superficie de 27 000 ha, offrent un refuge exceptionnel aux oiseaux migrateurs. Après votre visite du parc, profitez des plages du littoral atlantique, à **Mazagón** ou rendez-vous à **El Rocío** pour visiter ce village étonnant qui semble tout droit sorti du Far West.

## PARQUE NATURAL DE LA SIERRA DE ARACENA Y PICOS DE AROCHE★★

*Pl. Alta, Cabildo Viejo - Aracena - www.sierradearacena.es.*

La visite de ce parc naturel et de ses villages est un véritable régal. Quelques rochers aux formes singulières parsèment les superficies boisées, offrant au visiteur des panoramas exceptionnels.

## ARACENA★

**A2** *À 100 km au nord de Huelva.*

*Pozo de la Nieve - www.aracena.es.*

Située au cœur du village, la **grotte des Merveilles**★★ est une formation géologique qui plonge sous terre, à plus de 100 m de profondeur. Des plafonds calcaires d'une singulière beauté se reflètent dans les eaux d'extraordinaires lacs intérieurs. Dans la salle de la Cathédrale, une formation calcaire ressemble étrangement à la silhouette d'une Vierge à l'Enfant. Ne manquez pas, parmi les merveilles, le salon des Orgues, le lac des Émeraudes, le salon des Brillants, le **salon de la Verrerie de Dieu**★★ où les reflets créent un effet prodigieux. *Pozo de la Nieve - www.aracena.es - visite guidée 45mn - 9 €.*

## ALÁJAR★

*À 15 km à l'ouest d'Aracena.*

Au cœur du parc, ce village blanc aux maisons basses constitue le point de départ de nombreuses randonnées. Le site de **Peña Arias Montano** à quelques kilomètres au nord du village dispense des **vues panoramiques**★★.

## ALMONASTER LA REAL★

**A2** *À 15 km à l'ouest d'Alájar.*

Quelle surprise de découvrir ce village niché au beau milieu d'un épais manteau végétal de châtaigniers, d'eucalyptus, de chênes-lièges... L'agglomération aux maisons blanches crée un étonnant contraste dans ce cadre naturel. Le temps semble s'être figé dans les ruelles

R. Mattès/hemis.fr

*Un troupeau de chevaux au parc national de Doñana.*



silencieuses bordées de grandes demeures coloniales et de vestiges de propriétés andalouses. La gastronomie et le folklore – comme les fêtes des Croix de Mai – complètent les attraits de ce village. L'hôtel de ville abrite un **centre d'information du parc**. À l'intérieur d'une enceinte fortifiée, la **mosquée**★ est l'un des rares exemples d'architecture califale (10e s.) encore existants dans la région. À proximité se trouvent d'intéressantes arènes.

## AROCHE

***A2*** *À 23 km au nord-ouest d'Almonaster la Real.*
C'est l'un des plus anciens villages de la sierra, comme en témoignent les célèbres **pierres du Diable**, ensemble de dolmens situé à 3 km au sud-ouest par la H 9002, à deux pas de l'ermitage de San Mamés.
Un dédale de ruelles bordées de maisons seigneuriales, de bâtiments vétustes et de petits ateliers spécialisés dans la fabrication de selles grimpe jusqu'au château qui abrite les arènes.

### Castillo de Aroche★

*✆ 959 140 201 - du 15 mai au 15 sept. : jeu.-dim. 11h-15h ; du 16 sept. au 14 mai : vend.-dim. 10h-14h, 15h-17h - 2 €.*
Dans cette sobre construction du 12e s. se trouve un centre d'information sur le parc. Il comporte une section consacrée au vautour noir, espèce en voie d'extinction, dont les terres du château abritent l'une des principales colonies d'élevage d'Espagne.

RUTAS Y VERDUR
ASEOS
VISA

# Nos adresses





*Le marché couvert de Triana à Séville.*
B. Rieger/hemis.fr

# Se restaurer

*« Gastronomie » p. 162. Se reporter également au chapitre « Prendre un verre », p. 118 : certaines adresses de la sélection servent des repas légers, parfaits pour déjeuner.*

***Repérez les adresses sur nos plans grâce aux pastilles numérotées (ex. 1).***

## SÉVILLE

Bars à tapas et restaurants abondent notamment dans la **calle Mateos Gago**, proche de la Giralda. Également de nombreux établissements dans les petites rues qui jouxtent la cathédrale au nord, comme la **calle Argote de Molina**, la **calle Placentino** ou la **calle Alemanes**.



***Plan détachable.***

## SANTA CRUZ

***Plan de quartier p. 23.***

### Moins de 15 €

4 **Bodeguita Casablanca** – **E5** - *Calle Adolfo Rodríguez Jurado 12 - ☏ 954 22 41 14 - www.bodeguitacasablanca.com - 7h-17h, 20h15-0h30, sam. 7h-17h - fermé dim.* Ce petit bar, l'un des plus célèbres de Séville, est toujours comble et fréquenté surtout par des habitués.

### De 15 à 25 €

3 **Cervecería La Giralda** – **E5** - *C/Mateos Gago 1 - ☏ 954 22 82 50 - www.cerveceriagiralda.com - 8h-0h.* D'anciens bains maures abritent désormais un célèbre bar à bière et à tapas, bondé à midi. Très bonnes carillas ibéricas (joues de bœuf), langostinos al ajo…

67 **Vinería San Telmo** – **G5** - *Paseo de Catalina Ribera 4 - 10h30-23h30.* Ce bar à vin propose une sélection pointue de crus espagnols difficiles à trouver ailleurs. Côté cuisine, des recettes créatives sous forme de tapas, aux inspirations internationales et impeccablement élaborées (crème aux bolets, blé et huile de truffe, filet mignon aux raisins secs et pignons). La terrasse se remplit très vite.

## EL CENTRO

***Plan de quartier p. 28-29.***

### Moins de 15 €

17 **Bar Manolo** – **F4** - *Pl. de Alfalfa 3 - ☏ 954 21 41 76 - lun.-sam. 7h-0h.* Si, dans la journée, beaucoup d'habitués s'y retrouvent, le soir, la clientèle est plus hétéroclite. Très bonnes tapas (solomillo au whisky, pavías de bacalao) à déguster en terrasse toujours prise d'assaut.

18 **La Bodega de la Alfalfa** – **F4** - *C/Alfalfa 4 - tout près de la place - ☏ 954 22 73 62 - 12h30-16h30, 20h-0h, vend.-dim. 12h30-0h.* Grand choix de tapas à commander au bar ou en raciones dans la salle de restaurant.

### De 15 à 25 €

62 **Perro viejo** – **E4** - *C/Arguijo 3 - ☏ 955 44 00 30 - www.tuhogarfueradecasa.com - tlj 13h30-16h30, 20h30-0h.* Cette grande maison

TAPAS
CARRILLADA 2,5
COLA DE TORO 2,5
CROQUETAS CASERAS 2,5
MENUDO 2,25
TORTILLA ESPAÑOLA 2,25
HUEVOS CON PISTO 2,25
ESPINACAS 2,25
PAELLA 2,5
SALMOREJO 2,5
PIMIENTOS HELVA 2,3
ENSALADILLA 2,3

seigneuriale a été réaménagée pour héberger un restaurant à la mode. Cuisine de saison aux accents internationaux, dans un cadre à l'esprit industriel (murs de brique, meubles design). En hiver, le coin cheminée est spécialement convoité. Branché mais sans prétention.

### AUTOUR DE L'ALAMEDA

#### *Moins de 15 €*

43 **Eslava** – ***D3*** - *C/Eslava 3-5 - 954 90 65 68 - www.espacioeslava.com - 12h30-0h - fermé dim. soir et lun.* Un des lieux favoris des Sévillans. Tapas variées et savoureuses (pudding d'espinacas, ragoût de viande, faux-filet au chèvre chaud, salmojero). À côté du restaurant éponyme, plus cher.



## LA CAMPIÑA

### À CARMONA

#### *Moins de 15 €*

**Bar Mingalario** – *Calle El Salvador, 7 - 954 14 38 93 - autour de 10 €.* Ce bar dispose d'une belle salle, au pied de l'église San Blas. Longue liste de montaditos, de tapas et de raciones. Produits de bonne qualité, notamment les jambons (achat sur place).

#### *De 25 à 35 €*

**La Almazara de Carmona** – *Calle Santa Ana, 33 - en face de la calle Bravo - 954 19 00 76 - 31/35 €.* Le bar est installé dans un ancien moulin à huile. Beau décor avec plafond voûté en bois. À la fois bar à tapas et restaurant.

### À ÉCIJA

#### *De 15 à 25 €*

**Mesón Casa Emilio** – *Pl. de España, 24 - 12/20 €.* Pour une pause sans prétention sur la place centrale de la ville. Bon marché si l'on ne cède pas à l'aimable proposition du serveur de « prendre un peu de jambon pour patienter »... ce qui peut doubler l'addition !

## CORDOUE

### QUARTIER DE LA MEZQUITA ET DE LA JUDERÍA

***Plan de quartier p. 43.***

#### *Moins de 15 €*

1 **Bodega Mezquita, Vinos y Tapas** – ***Plan II F1*** - *Calle Céspedes, 12 - 957 49 00 04 - www.bodegasmezquita.com - tapa 2,60/4 €, media ración 6/9 €, ración 9/12 €.* Cette bodega présente un grand choix d'excellentes tapas à base de produits régionaux.

2 **Casa Bravo** – ***Plan II E1*** - *Puerta de Almodóvar, 1 - 615 18 14 15 - www.casabravo1919.es - fermé dim. soir et mar. - media ración 6/10 €, ración 8/14 €.* Cuisine simple mais goûteuse, ainsi que du bon vin. Avis aux amateurs de flamenco : cante lundi soir.

3 **Taberna y Vinoteca Ordóñez** – ***Plan II E1*** - *Calle Medina y Corella, 3 - 957 10 69 49 - www.tabernavinoteca.com - media ración 4/7 €, ración 10/18 €.* Installée dans une ruelle et sur une petite place, une taverne pour déguster des spécialités locales arrosées de vin andalou.

### *De 25 à 35 €*

4 **Casa Mazal** – ***Plan II E1*** - *Calleja del Escudo, 1 - à l'angle de la calle Tomás Conde, juste après la pl. de Maimónides - ✆ 957 24 63 04 - www.casamazal.es - fermé lun. soir - 28/40 €.* Morue à la cannelle, poireau farci au bacalao, couscous : la cuisine séfarade est à l'honneur.

### *Plus de 35 €*

5 **El Churrasco** – ***Plan II E1*** - *Calle Romero, 16 - ✆ 957 29 08 19 - www.elchurrasco.com - fermé août - 35/53 €.* Ce restaurant dispose de plusieurs salles. En vedette, le fameux churrasco de porc. On hésitera entre le salmorejo et l'ajo blanco. Belle carte de vins.

6 **El Choto** – ***Plan II E1*** - *Calle de Almanzor, 10 - ✆ 957 76 01 15 - www.restauranteelchotocordoba.es - 25/54 €.* Sur une ravissante terrasse, spécialités de viandes braisées, dont l'inévitable rabo de toro. Possibilité de déguster quelques tapas au comptoir.

## DANS LE CENTRE MODERNE

***Plan de ville** p. 46-47.*

### *Moins de 15 €*

7 **Taberna Salinas** – ***Plan I C2*** - *Calle Tundidores, 3 - ✆ 957 48 01 35 - www.tabernasalinas.com - fermé dim. et août - ración env. 7 €.* Autour d'un patio, de jolies salles intimes. Parmi les spécialités figurent l'omelette de gambas et de jambon, des lamelles de morue à l'orange, du cochon de lait frit del Valle ou du rabo de toro à des prix très raisonnables.

## SUR LA RIVE GAUCHE

***Plan de quartier** p. 43.*

### *Moins de 15 €*

8 **Miguelito** – ***Plan II F2*** - *Calle Acera Pintada, 8 - ✆ 957 29 03 38 - http://barmiguelito.wordpress.com - 10/15 €.* Une excellente adresse populaire de la rive gauche du Guadalquivir, dont la terrasse accueille des familles entières et prend l'été des airs de grande cantine en plein air. Tous les classiques de la cuisine andalouse sont au rendez-vous, servis généreusement et avec beaucoup d'amabilité. Addition peu élevée et ambiance animée garanties !

# PROVINCE DE JAÉN

## À JAÉN

### *Plus de 35 €*

**Casa Vicente** – *Calle Cristo Rey, 3 - ✆ 953 23 22 22 - CC - 32/50 € - fermé dim. et août.* Bon restaurant de cuisine andalouse et locale, très fréquenté par les Jienenses. Bar à tapas à l'entrée.

**Casa Antonio** – *Calle Fermín Palma, 3 - ✆ 953 27 02 62 - www.casantonio.es - fermé lun., dim. soir et août - 36/49 €.* Une cuisine de qualité parfois inventive, servie dans une salle élégante.

## À ÚBEDA

### *De 25 à 35 €*

**Cantina La Estación** – *Cuesta Rodadera, 1 - ✆ 687 77 72 30 - fermé mar. soir, merc. et 10 j. en* *sept. - 27/37 €.* Un bar à tapas conçu comme une gare et une salle à manger imitant l'intérieur d'un wagon : un lieu réputé parmi les Ubetenses pour être l'un des meilleurs de la ville.

## À CAZORLA

### *De 25 à 35 €*

**Mesón Leandro** – *Calle La Hoz, 3 - ✆ 953 72 06 32 - www.mesonleandro.com - 25/35 €.* Une agréable terrasse, une salle au décor rustique et une bonne cuisine régionale.

# GRENADE

Pour un repas varié et convivial, rien de mieux que les tapas, à déguster de jour comme de nuit, à table ou a la barra (au comptoir). Le *tapeo* reste en effet la grande tradition des Grenadins et les bars à tapas ne désemplissent pas avant minuit. Vous les fréquenterez surtout dans les quartiers centraux (cathédrale, plaza Nueva, Puerta Real). La calle Navas, rue très animée, propose un grand nombre de restaurants et de bars à tapas. Dans l'Albayzín en revanche, seules une ou deux petites zones touristiques bien délimitées, comme la plaza Larga, sont vivantes.

***Plan de ville* p. 64-65.**

## AUTOUR DE LA CATHÉDRALE

### *Entre 10 et 20 €*

4 **Bodegas Castañeda** – ***B2*** - *Almireceros, 1-3 - ✆ 958 21 54 64 - 11h30-1h, vend.-dim. 11h30-2h.* Cette taverne typique du 19e s., où l'ambiance bat son plein jusqu'après minuit, est considérée comme un must pour qui veut manger des tapas à Grenade. Difficile de se frayer une place le long du comptoir sous les jambons suspendus ou à l'une des tables de la salle. L'infinie variété de tapas et de raciones met l'accent sur les spécialités régionales.

### *À partir de 30 €*

3 **Marisquería Cunini** – ***A2*** - *Pl. de la Pescadería, 14 - ✆ 958 25 07 77 - www.marisqueriacunini.com - 12h-16h, 20h-0h - fermé dim. soir et lun. - réserv. conseillée.* Ce lieu fait à la fois restaurant et bar à tapas. Sa mini-poissonnerie adjacente garantit la fraîcheur des produits de la mer.

## AUTOUR DU DARRO

### *À partir de 30 €*

2 **Pilar del Toro** – ***B2*** - *Hospital de Santa Ana, 6 - ✆ 958 22 54 70 - www.pilardeltoro.es - 8h-0h.* Installé dans une maison du 17e s., l'établissement vaut le coup d'œil. La porte en fer s'ouvre sur un bar avec un petit comptoir à gauche et sur un grand patio andalou à droite. Au 1er étage, le joli restaurant sert une cuisine régionale et plus spécifiquement grenadine.

## ALBAYZÍN

### *Entre 10 et 20 €*

5 **Las Tomasas** – ***C1*** - *Carril de San Agustín, 4 - ✆ 958 22 41 08 - www.lastomasas.com - juin-sept. : fermé lun., dim. et tous les midis ;*

R. Mattes/hemis.fr

*Le restaurant Bodegas Castaneda à Grenade.*



*oct.-mars : fermé de dim. soir à mar. midi.* Une terrasse divine le soir, pour dîner en profitant de la vue la plus spectaculaire sur l'Alhambra. Délicieux fondant au chocolat, belle carte des vins.

## REALEJO

### *Entre 10 et 20 €*

1 **Bar Los Altramuces** – **C3** - *Campo del Príncipe - ✆ 958 22 07 13 - fermé merc. et jeu. midi - 10/15 €.* L'un des plus sympathiques bars du Campo del Príncipe, une institution du quartier, populaire, familiale et joyeuse. Grandes assiettes d'aubergines et de calamars frits ou d'escargots (caracoles) en saison.

## PROVINCE D'ALMERÍA

### *Moins de 15 €*

**El Quinto Toro** – *Calle Juan Leal, 6 - ✆ 950 23 91 35 - fermé sam. soir et dim. - tapa 3 €, ración 10 €.* Bar à tapas, grand classique du circuit local du tapeo. Ambiance taurine garantie.

### *Plus de 35 €*

**Asador La Gruta** – *N 340, km 436 (4 km à l'ouest par la rte d'Aguadulce) - ✆ 950 23 93 35 - www.asadorlagruta.com - 35/60 €.* Les immenses grottes d'une ancienne carrière offrent un cadre singulier à ce restaurant. Bonnes viandes grillées et impressionnante cave à vins.

## MÁLAGA

Vous trouverez de sympathiques bars à tapas dans le centre-ville, notamment autour de la calle Marqués de Larios et de la calle Granada, toujours animées, ainsi que sur la plaza de la Merced et la calle Alcazabilla en soirée. Quelques restaurants plus chics se trouvent au détour des rues du centre et dans le quartier des plages.

### LE CENTRE-VILLE

#### *Moins de 15 €*

**Mercado Merced** – *Merced, 1 - entrée par les calles Gómez Pallete ou Ramos Marín - ✆ 952 60 88 21 - www.mercadomerced.com - mar.-jeu. 11h-0h, vend.-sam. 11h-2h, dim. 11h-20h, fermé lun.* Cet ancien marché couvert a été réaménagé en grande partie en un espace gastronomique dans l'air du temps. Si certains étals continuent d'assurer leur fonction traditionnelle (boucherie, poissonnerie...), la plupart d'entre eux proposent désormais toutes sortes de tapas et raciones dans une ambiance très conviviale.

#### *De 15 à 25 €*

**La Mesonera** – *Gómez Pallete, 11 - ✆ 609 93 36 45 - CC - mar.-dim. 12h-1h, fermé lun.* Délicieuses tapas servies dans un cadre coloré et fleuri, typiquement andalou. À essayer aussi le soir, avant ou après les représentations du théâtre Cervantes situé en face, pour se mêler aux célébrités et artistes qui le fréquentent.

**El Pimpi** – *Granada, 62 - ✆ 952 22 54 03 - www.elpimpi.com - 10h-2h, vend.-sam. 10h-3h.* Une double entrée et plusieurs ambiances pour cette bodega dont la réputation n'est plus à faire. Ambiance barra (bar) avec photos au mur et musique flamenca, salle avec des barriques de vin contre le mur ou terrasse avec vue sur le théâtre romain (prix majorés de 15 %). On y déguste des plats, des tapas, des assiettes composées de différentes spécialités de la maison et, évidemment, du vin.

### LA MALAGUETA ET LES PLAGES

#### *De 20 à 30 €*

**La Ménsula** – *Fernando Camino, 17 - ✆ 952 22 50 30 - www.restauranteslamensula.com - 12h-0h, dim. 12h-17h.* Près de la plage de la Malagueta, cet établissement sert les meilleures assiettes de jamón serrano de Málaga. N'hésitez pas à goûter également les poissons frits et les tapas. Ce lieu est une institution de la ville, très prisé pendant la féria après chaque corrida.

### À NERJA

#### *De 15 à 25 €*

**Mesón Benitez** – *Calle Hernando de Carabeo, 50 - ✆ 952 52 22 08 - www.restaurantebenitez.com - CC - 15/20 €.* Pour dîner face à la mer sans tomber dans un piège à touristes. Terrasse agréable juchée sur la falaise et cuisine traditionnelle honnête. Spécialités d'agneau.

MARIA
SEIS Hermosos TOROS
MURUBE

# COSTA DEL SOL

## À MARBELLA

### *Moins de 15 €*

**La Taberna de Santiago** – *Avda del Mar, 20 - autour de 12 €.* Bar à tapas traditionnel. Une bonne adresse pour les petits budgets.

## À BENALMÁDENA

### *Moins de 15 €*

**Casa Manolo** – *Calle Puerto Real, 14 - ✆ 952 44 89 23 -* CC. Une terrasse sympathique et calme sur la plaza de Andalucía. Poissons et fruits de mer bon marché mais de qualité. Service impersonnel.



# RONDA

### *De 25 à 35 €*

**Los Cazadores** – *Calle Rosal, 1 - ✆ 952 19 03 16 -* CC *- 25/30 €.* Ce grand classique de Ronda se révèle une très bonne adresse pour le poisson et les fruits de mer. Pas de carte ni de prix, c'est selon l'arrivage. Tout est frais et bon marché. Ambiance populaire.

### *Plus de 35 €*

**Casa Santa Pola** – *Cuesta Santo Domingo, 3 - ✆ 952 87 92 08 - www.rsantapola.com - 20/52 €.* Sur la terrasse qui surplombe le Tajo, dégustez des plats de volaille et de viande de bœuf ou la grande spécialité du lieu, le puchero de judiones.

# CADIX

***Plan de quartier p. 87.***

### *Moins de 15 €*

1 **Las Nieves** – ***B1*** *- Pl. de Mendizábal - ✆ 956 25 40 49 - menu à 9 €.* Cette adresse a beaucoup de charme, avec son bar plaisant, malgré la télé braillarde. Pris d'assaut aux heures des repas. Vins, tapas et menu.

2 **Freiduría Las Flores** – ***A1*** *- Pl. de Topete, 4 - ✆ 956 22 61 12.* Un lieu très animé, face au marché aux fleurs. Poissons frits, paella, grand choix de tapas et copieuses media raciones. Le surtido de friture, copieux, convient pour 2 pers. Vente à emporter. Prix majorés de 20 % env. pour le service à table.

### *Plus de 35 €*

**El Faro** – ***Hors plan*** *- Calle San Félix, 15 - à côté de la plage de la Caleta - ✆ 956 21 10 68 - www.elfarodecadiz.com.* C'est un restaurant-bar à tapas d'excellente qualité. Décoration moderne en bois et cuisine soignée, avec une prédilection pour les recettes locales. C'est chic, savoureux et cher. Plus animé et moins onéreux, le bar où l'on se presse autour de délicieuses tapas de poissons et de fruits de mer.

## À VEJER DE LA FRONTERA

### *De 25 à 35 €*

**Trafalgar** – *Pl. de España, 31 - ✆ 956 44 76 38 - www.restaurantetrafalgar.com - 25/32 €.* Ce petit restaurant accueillant se trouve sur la plaza de los Pescaítos et propose d'excellents poissons frais. On peut aussi déguster des tapas au comptoir ou s'attabler en terrasse l'été.

## JEREZ DE LA FRONTERA

### *De 25 à 35 €*

**Tendido 6** – *Calle Circo, 12 - ✆ 956 33 03 74 - www.tendido6.com - fermé dim. - 21/29 €.* Proche des arènes, c'est l'un des meilleurs restaurants de la ville, spécialisé dans la cuisine andalouse. Bar à tapas à l'entrée, salon privé et salle principale dans un patio couvert.

## ROUTE DES VILLAGES BLANCS

### À ARCOS DE LA FRONTERA

### *Moins de 15 €*

**Bar San Marcos** – *Calle Marqués de Torresoto, 6 - ✆ 956 10 54 29 - www.pensionsanmarcosdearcos.com.* Un bar-restaurant de quartier bon marché, attenant à la pension. Copieuses tapas, montaditos et menu (8 €).

### *De 15 à 25 €*

**Alcaraván** – *Calle Nueva, 1.* Viandes grillées, poivrons farcis et sauté d'agneau sont au menu, sur fond de flamenco. Le prix de poésie « Alcaraván » y est décerné depuis cinquante ans.

## COSTA DE LA LUZ

### À EL PUERTO DE SANTA MARÍA

### *Plus de 35 €*

**El Faro del Puerto** – *Avda de Fuenterrabía - km 0,5 - ✆ 956 87 09 52 - www.elfarodelpuerto.com - fermé dim. soir (sf août) - 37/55 €.* À l'écart du tumulte de la ville, ce restaurant est l'un des plus raffinés d'El Puerto.

### À SANLÚCAR DE BARRAMEDA

### *Plus de 35 €*

**Casa Bigote** – *Calle Pórtico Bajo de Guía, 10 - ✆ 956 36 26 96 - www.restaurantecasabigote.com - fermé dim. - 35 €.* Cette ancienne taverne est une véritable institution. Dirigée par la même famille depuis cinquante ans, elle sert d'excellents poissons et gambas de la région. Deux salles et un bar à tapas animé.

## GIBRALTAR

### *Moins de 15 €*

**The Venture Inn** – *À l'angle de Main Street et de Lynch Lane - formule à 8 £.* Un établissement sympathique et bon marché. Plats du jour et fish and chips.

### *De 15 à 25 €*

**Restaurant Sacarello** – *57 Irish Town - www.sacarellosgibraltar.com - lun.-sam. 9h-19h30.* L'une des adresses les plus chaleureuses de Gibraltar, naviguant entre Espagne et Grande-Bretagne. La terrasse donne sur Tuckey's Lane et il y a une salle à l'étage.

## PROVINCE DE HUELVA

### À HUELVA

### *Plus de 35 €*

**Portichuelo** – *Calle Vásquez López, 15 - près du théâtre - ✆ 959 24 57 68 - www.restauranteportichuelo.com - autour de 45 €.* Ce bar à tapas et restaurant élabore de bonnes spécialités (albóndigas de choco, rabo de toro). Belle carte de vins.

# Prendre un verre

***Repérez les adresses sur nos plans grâce aux pastilles numérotées (ex. 1).***

## SÉVILLE

***Plan détachable.***

### SANTA CRUZ

***Plan de quartier p. 23.***

#### Cafés

1 **EME Catedral Hotel** – **E5** - *C/Alemanes 27 - 954 56 00 00 - www.emecatedralhotel.com.* Un lieu, deux adresses. Le Café Terreza 20 Pasos (tlj 11h-0h), au rez-de-chaussée, est un café lounge très design, et le Terraza Bar (tlj. à partir de midi) sur le toit (4e étage), jouit d'une vue panoramique magnifique.

16 **Las Teresas** – **F5** - *C/Santa Teresa 2 - 954 23 30 69 - www.lasteresas.es - 10h-0h30.* Cette petite taverne typique fondée en 1870 est un classique du quartier qui nous transporte au début du 19e s. Grand choix de vins. Les places sont chères, mais cela en vaut la peine. Non loin, les tapas de la Casa Plácido sont également à goûter.

### EL CENTRO

***Plan de quartier p. 28-29.***

#### Café

6 **Cafetería Picatoste** – **D4** - *C/San Eloy 18 - près de la C/Sierpes - 954 50 10 70 - www.picatoste.com - fermé dim.* Cafétéria bien connue des Sévillans, pour ses churros, entre autres.

#### Pâtisserie

4 **Ochoa** – **E4** - *C/Sierpes 45 - 954 22 55 28 - www.confiteriaochoa.com - 10h-20h.* Salon de thé, pâtisserie, confiserie, traiteur. Idéal pour couper les petites faims en cours de journée. Plats cuisinés à emporter ou à consommer sur place.

## LA CAMPIÑA

### À OSUNA

#### Pâtisserie

**Pastelería Santo Domingo** – *Calle Carrera, 63 - 954 81 03 27 - www.santodomingo.amawebs.com.* Idéal pour le petit creux : délicieux turrones et yemas très caloriques !

### À ÉCIJA

#### Café-Glacier

**Heladería Torres** – *Avda de Miguel de Cervantes, 34 - 955 90 04 16.* Ce café-glacier est le rendez-vous de début de soirée des Astigitanos.

## CORDOUE

***Plan de quartier p. 43.***

#### Café-Salon de thé

1 **Salón De Té** – ***Plan II E1*** - *Calle Buen Pastor, 13 - 957 48 79 84 - www.salondetecordoba.es - 12h-22h.* Un joli salon de thé au décor arabisant. Pour se détendre des visites, grignoter fruits secs et pâtisseries arabes, et savourer des thés variés. Un peu cher.

B. Gardel/hemis.fr

*Las Teresas, taverne typique de Séville.*



***Plan de ville p. 46-47.***

### *Glacier*

**2 David Rico** – ***Plan I B2*** - *Calle Jesus y Maria, 2 - ✆ 957 47 11 63 - lun.-sam. 9h-14h, 17h-20h30.* Une institution qui a essaimé à travers la ville. Un beau choix de glaces et de batidos.

## PROVINCE DE JAÉN

## À BAEZA

### *Cafés*

**Cafetería-pastelería Martínez** – *Calle San Pablo - face à l'église - ✆ 953 74 82 19.* Salon de thé élégant aux faux airs de café viennois installé dans la grande rue piétonne de la ville.

### *Bar-Pub*

**Café Teatro Central** – *Calle Obispo Narváez, 19 - ✆ 953 74 43 55 - à partir de 17h.* Plus tout à fait un bar, pas tout à fait un pub, une pointe d'Orient pour l'intimité, un côté jazzy pour le fun, et un ravissant patio pour se détendre…

## À ÚBEDA

### *Tetería*

**La Tetería** – *Calle Cruz de Hierro, 3 - 16h-2h (0h en terrasse), w.-end 16h-3h (1h en terrasse).* C'est le lieu un peu alternatif de la ville, à deux pas du marché. Un concept de tetería (salon de thé orientalisant), mais où l'on peut aussi boire une bière dehors, autour de petites tables basses.

# GRENADE

***Plan de ville*** ***p. 64-65.***

## AUTOUR DE LA CATHÉDRALE

### *Café*

**3 Vía Colón** – ***B2*** - *Gran Vía de Colón, 13 - Terrasse derrière côté cathédrale - ✆ 958 22 07 52 - 8h-0h, vend.-sam. 8h-1h.* Un grand café-bar décoré d'anges et de chérubins, agréable pour une pause entre deux visites. On y sert aussi des plats de qualité.

## ALBAYZÍN

### *Tetería*

**1 Tetería Dar Ziryab** – ***B2*** - *Caldereria Nueva, 11 - ✆ 655 44 67 75 - 13h-0h30, w.-end 14h-0h30.* À l'entrée du quartier de l'Albaycín, décorée avec charme, cette tetería est un lieu idéal pour vous détendre. Elle est très fréquentée par la population locale, bien qu'elle se trouve dans une rue piétonne pleine de souks touristiques.



### *Café*

**2 Casa Pasteles** – ***C1*** - *Pl. Larga, 1 - ✆ 958 27 89 97 - www.casapasteles.es - 8h-21h.* Le meilleur petit-déjeuner de l'Albayzín, un lieu authentique et populaire, également connu pour ses glaces maison. Outre les spécialités de la maison (polvorones, mantecados), c'est ici qu'il faut venir déguster les beignets de la Semaine sainte, les roscos de San Lazaro pendant le carême, ou se désaltérer d'une bonne horchata l'été.

# MÁLAGA

## LE CENTRE-VILLE

### *Café*

**Casa Aranda** – *Herrería del Rey, 2-3 - ✆ 952 22 28 12 - 7h30-21h.* Un spécialiste du petit-déjeuner dans une ambiance idéale pour le matin. Les churros con chocolate s'imposent, comme l'indique un vieil article de journal collé au mur vantant les bienfaits nutritifs du beignet espagnol. On peut aussi y consommer des tartines grillées (tostadas).

### *Tetería*

**Tetería El Harén** – *Andrés Pérez, 3 - ✆ 679 78 12 99 - www.teteriaelharen.com - lun.-jeu. 17h-23h, vend. 17h-1h, sam. 16h-1h, dim. 16h-23h, fermé juin-août.* Décoration arabe avec poufs, chaises, petites salles et alcôves, aux couleurs rouge et bleu sombre : une ambiance feutrée et intimiste pour ce bar à thé dans la plus pure tradition mauresque.

# COSTA DEL SOL

## À BENALMÁDENA

### *Café-Pub*

**Monet** – *Calle Fragata, Puerto Marina - ✆ 615 07 98 48 - www.monetbar.com - 11h-4h.* Café le jour, pub la nuit. Grande terrasse avec sièges en osier confortables, très agréable pour boire un café l'après-midi tout en admirant la vue sur le port. Vous pouvez boire un verre au comptoir à l'extérieur ou à l'intérieur.

## À FUENGIROLA

### Bar

**Bar La Plaza** – *Pl. de la Constitución, 9 - ✆ 952 46 33 59 - www.barlaplazafuengirola.es - 9h-2h, dim. 9h-3h.* Sur la place principale de la ville, ce café occupe les deux étages d'une maison ancienne, au décor traditionnel. Très agréable pour prendre un petit-déjeuner ou goûter quelques tapas. Clientèle principalement locale, de tout âge. Tous les mois sont organisées des expositions de tableaux.

## RONDA

### Pâtisserie-Glacier

**Confitería Daver** – *Calle Los Remedios, 6 - ✆ 952 87 71 63 - www.confiteriadaver.es.* Une bonne adresse pour les gourmands : glaces maison et pâtisseries, parmi lesquelles une spécialité, la bola.

## CADIX

***Plan de quartier* p. 87.**

### Cafés

1 **Taberna La Manzanilla** – ***B1*** - *Calle Feduchy, 19 - ✆ 956 28 54 01 - www.lamanzanilladecadiz.com - 10h-15h, 19h-22h30, w.-end et j. fériés 11h-15h30.* Cette taverne typique, ouverte en 1900, permet de déguster le manzanilla à chacune des étapes de son vieillissement.

**Café Parisien** – ***Hors plan*** - *Pl. de San Francisco, 1 - ✆ 956 22 36 77 - 9h-23h.* Situé sur une place paisible, ce café ancien possède une terrasse où viennent s'attabler des gens de tous âges.

### Pâtisserie

2 **La Marina** – ***A1*** - *Calle Topete, 1 - ✆ 956 22 23 97.* Parfait pour le petit-déj. ou un petit creux. Pâtisseries, tostadas, petit rayon épicerie.

## JEREZ DE LA FRONTERA

### Bars

**Kapote Kafé & Kopas** – *Avda del Alcalde Álvaro Domecq, 13 - ✆ 902 99 57 73 - www.kapote.es - 16h30-6h.* Ce lieu s'anime en fin d'après-midi et en soirée, pour boire un verre ou pour danser. Décorations taurines.

**La Carbonería** – *Calle Letrados, 7 - derrière l'hôtel-de-ville - ✆ 696 42 69 51 - 17h-3h.* Une clientèle jeune et détendue vient prendre un verre l'après-midi ou en début de soirée dans un décor avant-gardiste.



## PROVINCE DE HUELVA

## À HUELVA

### Pâtisserie-Salon de thé

**Pastelería Dioni** – *Calle Palacio, 3 - ✆ 959 24 06 32.* L'endroit idéal pour faire une pause. Situé dans une rue très commerçante, cet établissement dispose d'une cafétéria, d'une pâtisserie et, à l'étage, d'un salon de thé.

### Glacier

**Heladería Jijona** – *Calle Pérez Carasa, 2 - ✆ 959 25 00 17.* Excellentes glaces artisanales, sur place ou à emporter.

# Shopping

***Repérez les adresses sur nos plans grâce aux pastilles numérotées (ex. 1).***

## SÉVILLE

De tous les quartiers commerçants de Séville, le plus traditionnel reste le centre historique (calle Tetuán, plaza del Duque de la Victoria, la calle San Eloy, **calle Sierpes**). La Calle Regina, vivante et populaire, est bordée de cafés et boutiques branchés.

***Plan détachable.***

## SANTA CRUZ



***Plan de quartier p. 23.***

### *Artisanat*

2 **Póster Felix** – **E5** - *Avda de la Constitución 26 - ✆ 954 21 80 26 - www.posterfelix.com - 10h-15h, 17h-20h30, sam. 10h-18h, dim. 11h-14h.* Très belle collection d'affiches anciennes sur de nombreux thèmes (corridas, Expositions universelles de 1929 et de 1992, férias, Semaine sainte, flamenco). Quelques pièces exceptionnelles, des originaux et des reproductions à tous les prix.

## EL CENTRO

***Plan de quartier p. 28-29.***

### *Spécialités culinaires*

4 **Convento de San Leandro** – **F4** - *Pl. de San Ildefonso - à côté de la Casa de Pilatos - ✆ 954 22 41 95 - 9h30-13h, 17h-19h.* C'est ici qu'il faut acheter les yemas, ces délicieuses pâtisseries. Un guichet tournant permet aux moniales de ne pas se montrer. Leur savoir-faire en pâtisserie va de pair avec un grand sens du marketing (envois assurés, prix discount). 11 €/500 g ou 12 pièces, 19,50 €/kg.

### *Grands magasins*

6 **El Corte Inglés** – **DE4** - *Pl. del Duque de la Victoria 8 - magasin principal - ✆ 954 59 70 00 - www.elcorteingles.es - lun.-sam. 10h-22h.* Cette enseigne regroupe en plusieurs magasins tout ce dont vous pourriez avoir besoin. Les plus utiles sont situés autour de la plaza del Duque de la Victoria. Au n° 8, on trouve, entre autres, les rayons d'alimentation au sous-sol et la boutique Gourmet au rdc vous donneront de bonnes idées de cadeaux à rapporter. En face, sur la même place, la librairie, les disques et le comptoir photo.

### *Art et artisanat*

7 **Abanicos de Sevilla** – **E5** - *Pl. San Francisco 7 - ✆ 954 21 38 18 - www.abanicosdesevilla.net - lun.-vend. 10h-20h30, sam. 10h-14h - fermé dim.* Grand choix d'éventails, du très sobre au plus luxueux, certains très élégants, d'autres pour caballero, de 3... à 300 €.

## TRIANA

### *Marché*

17 **Marché de Triana** – **C5** - *Pl. del Altozano - ✆ 674 07 40 99 -*

I. Murray/age fotostock

*Quitte à choisir un jambon, autant prendre le meilleur : le Bellota, la Rolls-Royce des jambons.*



*www.mercadodetrianasevilla.com - 10h-0h, dim. 12h-17h.* Marché haut en couleur, très animé les vend. et sam. midi (sf juil.-août).

## CORDOUE

Les rues commerçantes sont concentrées autour de la plaza de las Tendillas. Beaucoup d'artisans sont présents dans la Judería. La calle Judíos abrite le **souk municipal**.

***Plan de quartier* p. 43.**

### *Artisanat*

**1 Meryan** – ***Plan II F1*** - *Calleja de las Flores, 2 - ✆ 957 47 59 02 - www.meryancor.com.* Cet atelier, l'un des plus connus de Cordoue, propose de superbes cuirs repoussés, mais le prix de la plupart des articles reste élevé : panneaux décoratifs (150 € env.), coffrets (de 99 à 250 €). Maroquinerie de bonne qualité (sacs de 118 à 160 €).

***Plan de ville* p. 46-47.**

### *Gastronomie*

**2 Couvent de Santa Isabel** – ***Plan I C1*** - *Calle Santa Isabel, 13 - 9h-12h45, 17h-19h15.* Les religieuses du couvent ont la réputation d'être d'excellentes pâtissières. Laissez-vous tenter par leurs spécialités et n'hésitez pas à leur acheter des almendrados (pâte d'amandes), des coquitos (genre de palmiers), des pasteles cordobeses (spécialité de Cordoue), ou autres pâtisseries.

# PROVINCE DE JAÉN

## À BAEZA

Dans l'une des capitales de l'huile d'olive, vous pouvez en trouver dans les coopératives ou en magasin.

**La Casa del Aceite** – *Paseo de la Constitución, 9 - ✆ 953 74 80 81 - www.casadelaceite.com - 10h-14h, 16h30-20h30.* Grand choix d'huiles d'olive dont certaines sont proposées à la dégustation.

## À ÚBEDA

### *Artisanat*

L'artisanat d'Úbeda mérite que l'on s'y intéresse : on peut citer la céramique, la poterie, le fer forgé, et surtout les ravissantes lanternes en fer-blanc et en verre qui font la réputation de la ville.



**Museo de alfarería Paco Tito** – *Calle Valencia, 22 - ✆ 953 75 14 96 - www.pacotito.com - 8h30-14h, 16h-20h, dim. 10h-13h30.* Un atelier de potier avec une partie musée (gratuit) bien conçue.

# GRENADE

La zone commerçante se concentre dans les principales avenues du centre-ville et dans les rues piétonnes annexes. Le grand centre commercial, le Neptuno, se trouve au bout de la calle Recogidas.

***Plan de ville*** ***p. 64-65.***

## AUTOUR DE LA CATHÉDRALE

### *Mode*

7 **Aire Andaluz** – ***A3*** - *Recogidas, 11 - ✆ 958 25 58 93 - www.aireandaluz.es - 10h-14h, 17h-21h - fermé dim.* De jolis vêtements en coton de la marque Niza, des chapeaux, des sacs de paille et une influence flamenco ciblent une clientèle dynamique.

### *Gastronomie*

5 **Mantequería Castellano** – ***B2*** - *Almireceros, 6 - ✆ 958 22 48 40 - 10h-14h, 17h-20h30, sam. 10h-14h - fermé dim.* Cette charcuterie-crèmerie est spécialisée dans le jambon cru (de 10 à env. 50 €/kg pour le jamón ibérico de Bellota, le plus cher). On y trouve aussi des vins, de l'huile d'olive, des conserves et des produits de consommation courante (yaourts, beurre, etc.).

## AUTOUR DU DARRO

### *Artisanat*

6 **Artesanías González** – ***B2*** - *Cuesta de Goméréz, 12 - ✆ 858 12 23 82 - 11h30-20h30 (20h en hiver).* Cette maison est spécialisée dans l'art de la marqueterie (tanacea) depuis sa fondation en 1920. Il y en a pour tous les goûts et toutes les bourses, de la petite boîte à bijoux à la table basse (à partir de 130 €) en passant par l'échiquier (30 €)... Possibilité d'expédition vers l'étranger.

## ALBAYZÍN

### *Gastronomie*

4 **Al Sur de Granada** – ***B1*** - *Elvira, 150 - ✆ 958 27 02 45 - 9h30-23h30 (sam.-dim. 10h-23h30).* Au pied de l'Albayzín, cette échoppe permet de prendre un verre au rez-de-chaussée tout en faisant son marché (produits de la région, vins, fromages, conserves, etc.).

## MÁLAGA

Les principales rues commerçantes sont comprises entre la calle Puerta del Mar, qui aboutit plaza de Félix Sáenz et continue sous le nom de calle Nueva, et la **calle Marqués de Larios**. Ce périmètre est le fief des magasins de chaussures aux talons vertigineux et des chaînes de vêtements internationales.

### LE CENTRE-VILLE

#### *Céramique*

**Alfajar** – *Císter, 1 - ✆ 952 21 12 72 - www.alfajar.es - 10h-21h.* Les propriétaires fabriquent eux-mêmes ces très belles céramiques, originales et de styles variés, et organisent également des expositions d'autres artistes.

#### *Gastronomie*

**Zoilo** – *Granada, 65 - ✆ 952 21 24 65 - www.ultramarinoszoilo.blogspot.fr - 9h-14h30, 17h-21h30 - fermé dim.* L'essentiel de la gastronomie andalouse résumée dans cette boutique de poche typique et accueillante.

## COSTA DEL SOL

### À TORREMOLINOS

La calle San Miguel, au cœur de la ville, est une voie piétonne animée où se trouvent de nombreux magasins. Cet axe commerçant se poursuit avenida Palma de Mallorca et dans les rues attenantes, concentrant boutiques modernes et magasins plus traditionnels.

## CADIX

Le quartier commerçant le plus typique de Cadix se concentre dans le carré formé par les **calles de San Francisco**, **Columela**, **Compañía** et **Pelota**, ou la **calle Ancha** et la **plaza de San Antonio**.

#### *Marchés*

Les petits marchés de produits artisanaux sont courants à Cadix. Rendez-vous le dimanche près de l'**arc du Peuple** (Arco del Pópulo - ***B1***) ou du lundi au samedi au **Mercado Central** (***A2***), où plus de 170 étals de fruits, légumes, épices, viandes, *caracoles* (escargots), etc. se côtoient et ravissent les amateurs de marchés. Au centre, les plus beaux étals de poissons…



## JEREZ DE LA FRONTERA

#### *Confiseries*

**Couvent de Santa María de Gracia** – *Calle Santa María de Gracia - ✆ 956 34 36 32 - 9h30-13h30, 17h30-19h15.* « Dulces de conventos », parmi lesquels les fameux tocinos de cielo sur commande (17 €).

## PROVINCE DE HUELVA

#### *Gastronomie*

**Jambon de Jabugo** – *À 20 km à l'ouest d'Aracena.* Son jambon *pata negra* est inimitable. Sa préparation minutieuse, sa saveur caractéristique et son prix en font un mets rare. Si vous êtes tenté de rapporter un jambon, sachez qu'ils pèsent de 7 à 8 kg. Les adresses pour en acheter abondent et les prix varient de 25 à 36 €/kg.

# Sortir

***Repérez les adresses sur nos plans grâce aux pastilles numérotées (ex. 1).***

## SÉVILLE

Le quartier de l'**Alameda de Hércules** fut longtemps l'un des hauts lieux de la pratique du *botellón*, qui consiste à se réunir sur une place de la ville, chacun apportant de l'alcool. Aujourd'hui rénovée, cette large avenue presque piétonne reste très animée le w.-end. On trouve de nombreux bars musicaux autour de la **plaza de Alfalfa** ainsi qu'autour de l'Alameda.

***Plan détachable et plan p. 28-29.***



### EL CENTRO

#### *Bars musicaux*

4 **Urbano Comix** – ***G3*** - *Calle Matahacas 3 - à partir de 22h.* Un décor de ville de BD dans ce bar où la musique passe du jazz au rock. Nombreux concerts.

5 **Garlochí** – ***F4*** - *C/Boteros 26 - El Centro - 22h-4h.* Décor baroque et ambiance mystico-religieuse où se mêlent avec raffinement art religieux, images pieuses, tableaux et objets d'art. Les cocktails Sangre del Cristo et Agua de Sevilla donnent le ton.

## CORDOUE

#### *Flamenco*

***Plan de quartier p. 43.***

1 **Tablao Flamenco El Cardenal** – ***Plan II E1*** - *Buen Pastor, 2 - www.tablaocardenal.es - spectacles à 20h15-21h - 23 € avec une consommation.* Une belle salle, très touristique mais de qualité. Les amateurs consulteront le site www.cordobaflamenca.com qui répertorie les performances. Peut-être une occasion de pénétrer dans la Posada del Potro.

***Plan de ville p. 46-47.***

2 **La Bulería** – ***Plan I C2*** - *Calle Pedró López, 3 - ✆ 957 48 38 39 - spectacle à 22h30 - 12 € avec une consommation.* Un tablao installé dans un ancien patio couvert.

## GRENADE

La rigueur de l'hiver et les étudiants très nombreux expliquent l'existence à Grenade de nombreux lieux animés tous les jours de la semaine, et notamment du jeudi au samedi.
En déambulant au hasard dans le centre, vous trouverez un certain nombre de bars et de lieux où écouter du flamenco de façon plus informelle. Les rues les plus animées sont la calle Elvira, celles autour de la plaza Nueva, la carretera del Darro et le paseo de los Tristes.

***Plan de ville p. 64-65.***

### AUTOUR DE LA CATHÉDRALE

#### *Bar*

2 **Taberna la Tana** – ***B3*** - *Placeta del Agua, 3 - ✆ 958 22 52 48 - www.tabernalatana.com - 12h-16h, 20h30-0h - fermé w.-end en juil.-août.* Un bar à vins

réputé, très fréquenté en soirée et à la carte bien fournie. Pas de terrasse.

## AUTOUR DU DARRO

### *Bar flamenco*

1 **Le Chien andalou** – ***B2*** - *Carrera del Darro, 7 - ✆ 617 10 66 23 - www.lechienandalou.com - 12h-2h (sam. 12h-3h) - 10/12 €.* Assistez à un spectacle de flamenco tout en savourant un verre de vin et quelques tapas (boissons et nourriture en sus - menus 20/30 €). Les spectacles, chaque soir différents, ont lieu à partir de 20h en été et 19h30 en hiver en sous-sol, dans un ancien aljibe (puits d'eau). Il y a toujours foule, alors mieux vaut arriver tôt si vous souhaitez être bien placé. Ambiance plutôt jeune et locale.



## DE L'UNIVERSITÉ À L'HÔPITAL ROYAL

### *Concerts-discothèque*

**La Tertulia** – ***Hors plan*** - *Pintor López Mezquita, 3 - ✆ 958 29 17 96 - www.tertuliagranada.com - mar.-jeu. 21h-3h, vend.-sam. 21h-4h - fermé dim. et lun.* Ambiance chaleureuse assurée dans ce bar dynamique qui a ouvert ses portes en 1980, où la culture occupe une place de choix. Vous pourrez boire un verre pendant votre spectacle (tango, poésie, petit concert, etc.).

# PROVINCE D'ALMERÍA

**Premium Club Gran Café** – *Calle Marqués de Comillas - tlj 15h-7h.* Ambiance classe et festive pour ce haut lieu de la nuit almeriense.

# MÁLAGA

Le climat méditerranéen de Málaga est idéal pour vivre dans la rue, et il existe une belle offre pour se divertir. Dans le **centre-ville**, autour de la cathédrale et de la **calle Marqués de Larios**, on trouve aussi bien de vieux bistrots que des cafés plus animés, fréquentés par les jeunes et les touristes. Les places de la **Merced**, de **Uncibay** et surtout **Mijana** sont le fief de la jeunesse. Les grands complexes discothèques se situent pour la plupart en dehors de la ville, sur la route de Torremolinos. Mais les Malaguènes préfèrent en général les bars et les pubs où l'on vient boire un verre et danser.

### *Flamenco*

**Peña Flamenca Juan Breva (Museo de Arte Flamenco)** – *Calle Ramón Franquelo, 4 - ✆ 952 22 13 80 - www.museoflamencojuanbreva.com.* Dans cette peña fondée en 1958, les amateurs de cante authentique se retrouvent lors des viernes flamencos (horaires variables, se rens.) célébrés dans le colmao (au sous-sol).

# COSTA DEL SOL

## À TORREMOLINOS

Même si la population augmente considérablement l'été, les touristes étrangers affluent en toutes saisons. Pour cette raison, la mairie organise de nombreux spectacles toute l'année. La calle San Miguel, la plaza Costa del Sol et l'avenida Palma de Mallorca comptent de nombreux lieux pour sortir, mais les noctambules ont une préférence pour Puerto Marina et Benalmádena.

## À BENALMÁDENA

L'animation se concentre autour du port de plaisance et sur la plaza Solymar, à deux pas de là. La plaza de la Mezquita à Arroyo de la Miel, également très animée, n'égale pas la marina du **puerto deportivo**, où la fête bat son plein 24h/24 : un complexe flottant à l'architecture pompeuse et kitsch, avec bars et discothèques, attire la jeunesse locale et étrangère.

## À ESTEPONA

### *Bar musical*

**Jazz Pub** – *Tour de contrôle du port de plaisance - ✆ 625 39 04 44 - été : 10h-2h30 ; reste de l'année : 10h-23h.* Ce pub calme et accueillant, aux fauteuils confortables, est fréquenté par une clientèle d'âge mûr. Grande variété de cocktails. Terrasse fort agréable l'après-midi.

# CADIX

### *Bar flamenco*

**La Cava** – ***Hors plan*** - *Calle Antonio López, 16 - ✆ 956 21 18 66 - www.flamencolacava.com - mar., jeu. et sam. 20h-0h.* Cette taberna flamenca présente des spectacles à 21h30.

# JEREZ DE LA FRONTERA

Jerez est célèbre pour ses peñas flamencas, associations qui organisent des représentations, des expositions et des récitals de flamenco. Citons la Peña Tío José de Paula (Calle Merced, 11) ou la célèbre Peña el Garbanzo (Calle Santa Clara, 9).

### *Bar/discothèque*

**Bereber** – *Calle Cabezas, 10 - ✆ 605 94 75 77 - vend.-sam. 18h-7h.* C'est la référence des nuits de Jerez. Dans un palais arabe, un bar, deux discothèques et le restaurant-tablao avec spectacles de flamenco.

# COSTA DE LA LUZ

## À TARIFA

**Bars** – En ville, dans les rues du centre, nombreux bars de jour et de nuit, rustiques ou modernes, tels que le **Bear House** *(Calle Sancho IV El Bravo)*, assez branché.
**Discothèques** – Les discothèques les plus réputées sont situées en plein centre-ville (**Mombassa**) ou dans le polygone industriel dit de La Vega (**Café del Mar**).

# GIBRALTAR

Quelques **pubs** typiques dans Irish Town et sur Mackintosh Square.
**The Clipper** *(78 Irish Town)* organise une *happy hour* et parfois des concerts. **St Michael's Cave** (Upper Rock) organise des spectacles. Programme et conditions disponibles auprès de l'office de tourisme.

# PROVINCE DE HUELVA

## À HUELVA

Les noctambules ont le choix entre les bars avec terrasse de l'**avenida Pablo Rada**, de la **plaza de Toros** et de la **plaza de la Merced**. En été, les jeunes se rendent plutôt à **Punta Umbría**.

# Se loger

***Repérez les adresses sur nos plans grâce aux pastilles numérotées (ex. 1).***

## SÉVILLE

La haute saison correspond aux mois de mars, avril, mai, septembre et octobre. Les *temporadas extra* (saisons exceptionnelles) sont celles de la **Feria** et de la **Semaine sainte**. La plupart des adresses majorent alors leurs prix de 50 à 150 %. Beaucoup d'hôtels ne proposent pas de petit-déjeuner ou en proposent un de qualité médiocre. Mieux vaut donc le prendre à l'extérieur, il sera meilleur et moins cher. On trouve le wifi gratuit dans la plupart des hébergements.

***Plan détachable et plans p. 23 et 28-29.***



### SANTA CRUZ

#### Moins de 70 €

26 **Pensión San Benito Abad** – **G5** - *Callejón Canarios 4 - ✆ 954 41 52 55 - www.pensionsanbenito.com - ▤ - 13 ch.* Située au fond d'une impasse, en plein quartier de Santa Cruz, cette pension propose des chambres correctes, dont 5 avec sdb, ainsi que 2 appartements (un pour 2 pers. et un pour 3 pers.).

#### Plus de 100 €

1 **Hotel Amadeus Sevilla** – **F5** - *C/Farnesio 6 (réception) et c/San José 10 - ✆ 954 50 14 43 - www.hotelamadeussevilla.com - ▤ - 30 ch. - ☕ 12 €.* Cette magnifique maison-palais du 18ᵉ s. a été transformée en hôtel de charme par une famille de musiciens. La décoration, sur le thème de la musique classique, met en valeur une architecture originale. Des concerts de musique de chambre se donnent régulièrement dans le beau patio. Belle terrasse avec vue sur la Giralda et la cathédrale.

### EL CENTRO

#### Moins de 70 €

10 **Hotel Sevilla** – **E3** - *C/Daoiz 5 - ✆ 954 38 41 61 - www.hotelsevillaweb.es - ▤ - 27 ch. ☕.* Très bien situé, sur une agréable petite place proche du palais de la comtesse de Lebrija, cet hôtel paisible possède un charmant patio andalou.

## LA CAMPIÑA

### À CARMONA

#### Plus de 100 €

**Parador Alcázar de Carmona** – *Calle Alcázar - ✆ 954 14 10 10 - www.parador.es - ▤ CC P 🏊 - 63 ch. 210 € - ☕ 18 € - rest. 33 € - ✕.* Ce magnifique hôtel, ancien alcázar du roi Pedro Ier, domine toute la vallée. Outre les chambres agréables et la piscine, il bénéficie d'une grande tranquillité et d'une belle vue. Splendide restaurant.

QUE MANAS DE ESTA

## À ÉCIJA

### *De 70 à 100 €*

**Palacio de los Granados** – *Calle Emilio Castelar, 42 - ✆ 955 90 10 50 - www.palaciogranados.com* - - 14 ch. 65/85 € - rest. autour de 30 €*. Aménagé dans un palais baroque du 18e s., cet hôtel luxueux offre une atmosphère sereine. Ses chambres à l'ameublement et à la décoration soignés sont très confortables.

# CORDOUE

***Plan de quartier p. 43.***

## QUARTIER DE LA MEZQUITA ET DE LA JUDERÍA



### *De 70 à 100 €*

1 **Hotel Mezquita** – ***Plan II F1*** - *Pl. Santa Catalina, 1 - ✆ 957 47 55 85 - www.hotelmezquita.com - - 21 ch. 45/125 €*. Cette belle demeure aristocratique fait face à la porte principale de la mosquée. Les chambres sont spacieuses et confortables.

## À L'EST DE LA CATHÉDRALE

### *Moins de 70 €*

2 **Hostal Osio** – ***Plan II F1*** - *Calle Osío, 6 - ✆ 957 48 51 65 - www.hostalosio.com - - 8 dortoirs 10/25 €/pers. et 7 ch. 45/65 €*. Cette belle maison abrite des chambres toutes différentes, réparties autour de deux patios tranquilles. Connexion Internet et accueil charmant.

## À PROXIMITÉ

### *Plus de 100 €*

**Parador de Córdoba** – ***Hors plan*** - *Avda de la Arruzafa, 37 - à 4 km au nord-ouest du centre par l'avda del Brillante, dans le prolongement du paseo del Gran Capitán, puis à gauche en direction de las Ermitas - ✆ 957 27 59 00 - www.parador.es - - 94 ch. 115/272 € - 18 €*. Niché au milieu de beaux jardins, ce parador offre une belle vue sur la ville. Les chambres, vastes et lumineuses, jouissent d'un excellent confort.

# PROVINCE DE JAÉN

## À JAÉN

### *Plus de 100 €*

**Parador de Jaén** – *Castillo de Santa Catalina - ✆ 953 23 00 00 - www.parador.es - - 45 ch. 125/180 € - 18 € - rest. 33 €*. Installé dans une impressionnante forteresse, il domine toute la ville. La vue sur la sierra et les champs d'oliviers est magnifique. On peut y goûter à une cuisine régionale de qualité.

## À BAEZA

### *De 70 à 100 €*

**Hotel Puerta de la Luna** – *Calle Canónigo Melgares Raya - ✆ 953 74 70 19 - www.hotelpuertadelaluna.com - - 44 ch. 65/140 € - 15 € - menu dégus. 35 €*. Dans un palais du 17e s. autrefois résidence des chanoines, beau patio, décoration raffinée et restaurant à la cuisine créative.

## À ÚBEDA

### Plus de 100 €

**Parador de Úbeda** – *Pl. Vázquez de Molina - ✆ 953 75 03 45 - www.parador.es - ▤ CC P - 36 ch. 130/270 € - ☕ 17 € - rest. 29 € - ✕.* L'un des plus prestigieux paradores d'Espagne, abrité dans un palais Renaissance. Restaurant réputé.

## GRENADE

***Plan de ville** p. 64-65.*

## ALHAMBRA

### Plus de 300 €

1 **Parador Nacional de San Francisco** – ***D2*** *- Real de la Alhambra - ✆ 958 22 14 40 - www.parador.es - ▤ P - 40 ch. 245/743 € - ☕ 21 € - ✕ 13h-16h, 20h-22h30 - menu à partir de 35 €.* Ce splendide parador est installé dans l'Alhambra dans l'ancien couvent de San Francisco (15e s.). Une adresse de luxe et de charme, mais un peu excentrée (accès possible en bus C3).

## AUTOUR DE LA CATHÉDRALE

### Moins de 70 €

2 **Hotel Los Tilos** – ***A3*** *- Pl. Bib-Rambla, 4 - ✆ 958 26 67 51 - www.hotellostilos.com - ▤ P - 30 ch. ☕.* Un hôtel confortable, sans cachet particulier, mais à deux pas de la cathédrale sur laquelle donnent certaines chambres (plus chères). La terrasse panoramique dévoile une vue époustouflante, à ne pas manquer de nuit. Petit-déjeuner à l'hôtel ou sur la grande place Bib-Rambla.

3 **Hostal Rodri** – ***A2*** *- Laurel de las Tablas, 9 - ✆ 958 28 80 43 - www.hostalrodri.com - 10 ch.* Cette excellente adresse propose un bon rapport qualité-prix. Les chambres sont claires et spacieuses, et équipées de salles de bains modernes.

## PROVINCE D'ALMERÍA

### Moins de 70 €

**Hotel Costasol** – *Paseo de Almería, 58 - ✆ 950 23 40 11 - www.hotelcostasol.com - ▤ - 55 ch. 52 € - ☕ 7,40 €.* Dans une rue commerçante, chambres confortables, certaines avec balcon.

### De 70 à 100 €

**Hoteles Torreluz Centro et Nuevo Torreluz** – *Pl. Flores, 8/10 - ✆ 950 23 43 99 - www.torreluz.com - ▤ - 98 ch. 52/80 € ☕ et 98 ch. 70/150 € ☕.* Bien situés, ces deux hôtels proposent des chambres modernes.

## MÁLAGA

## LE CENTRE-VILLE

### Moins de 70 €

**El Riad Andaluz** – *Hinestrosa, 24 - ✆ 952 21 36 40 - www.elriadandaluz.com - ▤ P - 8 ch. 55/75 € - pas de ☕.* Tenu par des Français qui vous conseilleront sur leurs adresses préférées (l'accueil est parfait), cet hôtel de charme s'ouvre sur un très beau patio fleuri à la cordouane. Les chambres, d'inspiration mauresque, sont toutes différentes.

### De 70 à 100 €

**Hotel del Pintor** – *Álamos, 27 - ☎ 952 06 09 80 - www.hoteldelpintor.com - ▤ - 17 ch. 84/109 € ☕.* La décoration de ce petit hôtel urbain, fait la part belle à l'art moderne et notamment au peintre malaguène Pepe Bornoy. Ses œuvres originales décorent toutes les pièces, dans une déclinaison de rouge, noir et blanc. Les chambres ont du cachet et sont insonorisées. Une adresse coup de cœur pour les amateurs d'art, dans le quartier natal de Picasso.

# COSTA DEL SOL

## À MARBELLA



### Moins de 70 €

**Hostal La Luna** – *Calle La Luna, 7 - ☎ 952 82 57 78 - CC - 10 ch. 45/60 €.* Un hôtel apprécié pour son accueil très souriant, son patio moderne et convivial, et ses chambres équipées de frigos.

### Plus de 100 €

**La Morada Más Hermosa** – *Calle Montenebros, 16 - vieille ville - ☎ 952 92 44 67 - www.lamoradamashermosa.com - ▤ - 7 ch. 98/150 €.* Au cœur du quartier ancien, cet hôtel de style andalou rustique propose de ravissantes chambres, décorées par le propriétaire lui-même.

## À TORREMOLINOS

### De 60 à 100 €

**Mediterráneo Carihuela Hotel** – *Calle Carmen, 43 - ☎ 952 38 14 52 - www.mediterraneohotel.es - 35 ch. 63/99 € (selon sais. et vue).* Hôtel situé dans l'un des plus beaux quartiers de la ville. Chambres correctes avec terrasse donnant sur le front de mer.

# CADIX

***Plan de quartier* p. 87.**

### Moins de 70 €

① **Pensión España** – **B1** - *Calle Marqués de Cádiz, 9 - ☎ 956 28 55 00 - www.pensionespana.com - 18 ch. 35/50 €.* Dans la rue des hostales, cette maison réhabilitée abrite autour de son ample patio des chambres agréables et propres, avec ou sans sdb. Les sanitaires, communs à 2 ou 3 ch., sont impeccables.

### De 70 à 100 €

② **Hotel Patagonia Sur** – **B1** - *Calle Cobos, 11 - ☎ 856 17 46 47 - www.hotelpatagoniasur.es - CC - 16 ch. 65/125 € - ✕.* En plein centre de Cadix, ce ravissant hôtel est tranquille et confortable. Les chambres sur le toit bénéficient d'une terrasse-solarium privée. Cafétéria et Internet.

# JEREZ DE LA FRONTERA

### Moins de 70 €

**Hotel Doña Blanca** – *Calle Bodegas, 11 - ☎ 956 34 87 61 - www.hoteldonablanca.com - ▤ P - 30 ch. autour de 50 € ☕.* Ce beau bâtiment andalou bénéficie d'un emplacement très central (entre la poste et le marché). Les chambres sont grandes et bien équipées.

# ROUTE DES VILLAGES BLANCS

## À ARCOS DE LA FRONTERA

### *Moins de 70 €*

**Marqués de Torresoto** – *Calle Marqués de Torresoto, 4 - ✆ 956 70 38 48 - ▤ CC - 15 ch. 45/60 € - ☕ 5,35 € - ✕.* Un ancien palais du 17e s., installé dans la partie historique de la ville. La chapelle baroque et le joli patio à arcades abritent la salle à manger. Chambres garnies de meubles anciens.

## À GRAZALEMA

### *Moins de 70 €*

**Hospedería Casa de las Piedras** – *Calle Las Piedras, 32 - ✆ 956 13 20 14 - www.casadelaspiedras.es - 30 ch. 28/48 € - ☕ 5,70 € - rest. 17 € - ✕.* Délicieuse cuisine du restaurant, que l'on peut savourer dans le patio. Également hôtel.

# COSTA DE LA LUZ

## À EL PUERTO DE SANTA MARÍA

### *Moins de 70 €*

**Pensión Loreto** – *Calle Ganado, 17 - ✆ 956 54 24 10 - www.pensionloreto.com - 23 ch. 42/48 €.* Des chambres correctes, avec ou sans sdb, aménagées dans une maison traditionnelle.

### *De 50 à 100 €*

**Hotel Dunas Puerto** – *Camino de los Enamorados - ✆ 956 85 03 11 - www.hoteldunas.es - ▤ P - 62 ch. 50/100 € ☕ - rest. 12/20 € - ✕.* Situé à proximité de la mer, cet hôtel sans grand charme est cependant idéal pour une retraite au vert. Bungalows.

# GIBRALTAR

### *Plus de 100 €*

**The Rock Hotel** – *3 Europa Rd - www.rockhotelgibraltar.com - ▤ CC 🏊 - 104 ch. autour de 110 € ☕ - ✕.* Cet hôtel confortable, construit par le marquis de Bute en 1932, est entouré d'agréables jardins. Il bénéficie d'une belle situation dominant le port, et les chambres ont été rénovées.

# PROVINCE DE HUELVA

## À HUELVA

### *Moins de 70 €*

**Familia Conde** – *Alameda Sundheim, 14 - ✆ 959 28 24 00 - www.hotelfamiliaconde.com - ▤ - 54 ch. 42/72 € ☕.* Les chambres spacieuses et propres compensent l'allure extérieure dénuée de charme de cet établissement. Bon rapport qualité-prix.

## À ARACENA

### *Moins de 70 €*

**Hotel Sierra de Aracena** – *Gran Vía, 21 - ✆ 959 12 61 75 - www.hotelsierradearacena.com - ▤ - 42 ch. 50/75 € ☕.* Cet hôtel central dispose de chambres confortables. Les propriétaires sont accueillants et très serviables. Ils organisent des randonnées à pied, à vélo et à cheval.

Modos jónico y frigio
inspirados en el canto bizantino

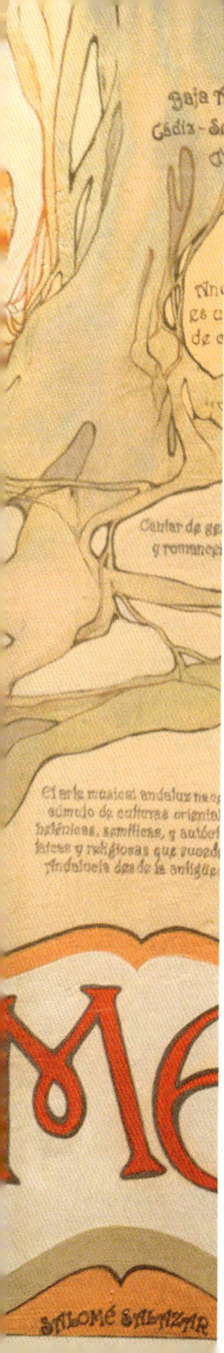


# L'Andalousie pratique

## Préparez votre voyage



## Votre séjour de A à Z



## Agenda culturel



*Une danseuse de flamenco à Séville.*
A. Spani/hemis.fr

# Préparez votre voyage

## FORMALITÉS D'ENTRÉE

**Pièces d'identité** – Une carte nationale d'identité en cours de validité ou un passeport suffisent pour les citoyens de l'Union européenne, de Monaco, d'Andorre, du Liechtenstein et de la Suisse. Les Canadiens doivent présenter un passeport valide au moins six mois après la date de leur retour.
**Permis de conduire** – Pour les ressortissants de l'Union européenne et de la Suisse, le permis de conduire national suffit. Les Canadiens doivent se procurer un permis de conduire international (PCI) auprès de l'**Association canadienne des automobilistes** (CAA) - ✆ (1) 613 247 0117 (poste 2025) - www.caa.ca.



## VENIR EN AVION

Compter env. 2h45 de vol au départ de Paris. En saison, les prix oscillent entre 250 et 350 € AR selon les compagnies et le degré d'anticipation à l'achat du billet.

### Principales compagnies

#### *Compagnies régulières*

**Air France** – www.airfrance.fr. Vols directs Paris CDG-Málaga (3 fois/j.) et vols Paris (Orly ou CDG)-Séville *via* Toulouse (3 fois/sem.), en partenariat avec Air Europa.
**Brussels Airlines** – www. brusselairlines.com. Plusieurs liaisons/sem. en saison avec Jerez de la Frontera, Málaga ou Séville au départ de Bruxelles, Bâle-Mulhouse, Genève ou Zurich.
**Iberia** – www.iberia.com/fr. Plusieurs vols par jour Paris Orly-Séville (directs, ou *via* Barcelone ou Madrid) et plusieurs vols quotidiens Paris Orly-Málaga (directs, ou *via* Barcelone ou Madrid), en partenariat avec Vueling.
**Luxair** – www.luxair.lu. Plusieurs liaisons/sem. en saison Luxembourg-Málaga et un vol/sem. Luxembourg-Jerez de la Frontera.
**Swiss** – www.swiss.com. Plusieurs liaisons/sem. en saison Genève-Málaga.

#### *Compagnies low cost*

**Air Europa** – www.air-europa.com. Vols Paris CDG-Málaga.
**Easy Jet** – www.easyjet.com/fr. Liaisons avec Málaga depuis Bâle-Mulhouse, Genève, Paris (CDG et Orly) et Toulouse. Liaisons avec Séville depuis Bâle-Mulhouse, Genève et Toulouse.
**Ryanair** – www.ryanair.com/fr. Vols Marseille-Málaga et Paris Beauvais-Séville.
**Transavia** (filiale d'Air France - KLM) – www.transavia.com. Liaisons Paris Orly-Málaga, Séville-Lyon et Séville-Nantes.
**TUI fly** – www.tuifly.fr. Liaisons avec Málaga au départ d'Anvers, Bruxelles, Charleroi, Liège et Ostende-Bruges.
**Volotea** – www.volotea.com/fr. Liaisons avec Málaga au départ de Bordeaux, Nantes et Toulouse.

**Vueling** – www.vueling.com/fr. Liaisons avec Málaga depuis Lyon, Nantes, Paris CDG et Toulouse. Liaisons avec Séville depuis Nantes et Paris CDG.

### *Aéroports*

Six aéroports relient l'Andalousie aux autres régions d'Espagne et à certaines villes étrangères : Séville, Almería, Grenade-Jaén, Cordoue, Jerez de la Frontera et Málaga.
Il n'y a pas de liaisons intérieures entre les villes andalouses. Pour avoir des renseignements sur les vols, les horaires, ainsi que la liste des liaisons régulières et des compagnies qui les assurent, un seul site centralisé : **AENA** (Aeropuertos Españoles y Navegación Aérea) – ✆ 902 404 704 - www.aena.es.

### *Comparateurs de vols*

**www.expedia.com**.
**www.bourse-des-vols.com**.
**www.ebookers.fr**.
**www.liligo.fr**.
**www.opodo.fr**.

## VENIR EN VOITURE

### *Les grands axes*

De la France, les principaux accès se trouvent aux deux extrémités des Pyrénées : à Irún (pont international de Béhobie) et à La Jonquera (col du Perthus).
L'**atlas routier Michelin Espagne & Portugal** et la **carte Michelin National n° 734** couvrent l'Espagne et le Portugal à l'échelle de 1/1 000 000, utiles pour gagner l'Andalousie. Une fois sur place, utilisez la **carte Michelin Régional n° 578** qui couvre l'Andalousie au 1/400 000 et la **Carte Zoom** n° 124 (Costa del Sol) au 1/200 000.
**Plans de villes** n° 74 (Séville), n° 76 (Málaga), n° 79 (Córdoba), tous trois au 1/10 000, et n° 83 (Granada) au 1/8 500.

### *Sites Internet*

www.ViaMichelin.fr et http://voyage.michelin.fr.

## VENIR EN AUTOCAR

Pour les amateurs de voyages au long cours :
**Eurolines** – www.eurolines.fr.
De Paris, liaisons avec Séville (25h), Grenade (24h), Málaga (26h), Marbella (28h), Algésiras (29h) et Almería (26h30). Prix autour de 130 € l'aller simple (réductions pour les -26 ans).



## VENIR EN TRAIN

Outre les trains de jour (à partir de 10h de voyage) Paris-Austerlitz est reliée en 16h30 à Madrid-Atocha par un train-couchettes *via* Toulouse et Barcelone, ou *via* Perpignan. Comptez de 230 à 300 € l'aller simple. Par ailleurs, Marseille est reliée à Madrid par des trains directs (7h50 ; 290 € AR).
De la gare d'Atocha vous pourrez rejoindre les principales villes andalouses : Séville (2h30), Málaga (2h20) et Cordoue (1h45) en AVE (dép. ttes les 30 ou 60mn) ; Cadix (4h30), Grenade (4h), Algésiras (5h30), Huelva (4h15) et Almería (6h45) en train normal.
**SNCF** – www.voyages-sncf.com.
**Renfe** – www.renfe.es.

## ARGENT

*« Banque » p. 142 et « Pas de panique ! » p. 143.*

**Monnaie** – L'euro.

**Change** – Les ressortissants de pays non-membres de la zone euro pourront changer leurs devises dans les banques, les bureaux de change, les aéroports et certaines agences de voyages. Les taux sont souvent plus intéressants à la banque.

On trouve des distributeurs automatiques un peu partout et on acceptera votre carte dans beaucoup d'hôtels (et dans certains *hostales*), restaurants et commerces. Renseignez-vous auprès de votre banque sur les frais appliqués pour les paiements et retraits à l'étranger.



## SAISONS

Le **printemps** et l'**automne** sont les saisons les plus agréables, même si les pluies peuvent être soutenues en mars et avril. Au mois de mai, l'Andalousie se couvre de fleurs, et les températures sont encore douces et agréables. C'est d'ailleurs la haute saison touristique.

En **hiver**, le littoral bénéficie d'un climat plutôt clément, tandis que les régions montagneuses affichent des conditions rigoureuses.

En **été**, la chaleur est écrasante et les Andalous désertent l'intérieur des terres, devenu étouffant.

### Vêtements à prévoir

Un couvre-chef pour l'été, un anorak au printemps et des vêtements chauds pour l'hiver.

### Renseignements météo

www.meteoconsult.es (en français) ; www.aemet.es (en espagnol).

## POUR EN SAVOIR PLUS

### Organismes à l'étranger

**France** – Office espagnol de tourisme - ✆ 01 45 03 82 50 (renseignements par téléphone uniquement) - www.spain.info.

**Belgique** – Office espagnol de tourisme - 97 r. Royale, 1000 Bruxelles - ✆ 02 280 19 26 à 29 - www.spain.info.

**Suisse** – Office espagnol de tourisme - Seefeldstrasse 19, 8008 Zürich - ✆ 0443 253 60 50 - www.spain.info.

**Canada** – Office national de tourisme d'Espagne - 2 Bloor Street, Suite 3402, Toronto, M4W 3E2 - ✆ 416 961 3131 - www.spain.info.

### Organismes en Espagne

Voici les adresses des offices de tourisme des principales villes d'Andalousie.

*Retrouvez d'autres adresses dans la partie « Visiter »*

***Almería***

**Office de tourisme** – *Parque Nicolás Salmerón (à l'angle de la calle Martínez Campos) - ✆ 950 175 220 - lun.-merc. 9h-19h30, jeu.-vend. 9h30-15h30, w.-end et j. fériés 9h30-15h.* Peut vous mettre en relation avec des guides francophones.

**Office de tourisme municipal** – *Plaza de la Constitución - ✆ 950 210 538 - www. turismodealmeria.*

*org - juil.-août : lun.-vend. 9h-14h, 18h-20h, w.-end 10h-14h, 18h-20h ; sept.-juin : lun.-vend. 9h-15h, w.-end 10h-14h.* Nombreuses visites guidées thématiques.

Almería Card – *5 €/7 j ou 10 €/15 j.* Très intéressante, cette carte offre des remises importantes sur les entrées des principaux musées et monuments de la ville, mais aussi dans de nombreux restaurants, hôtels et magasins. En vente à l'office de tourisme municipal.

***Cadix***

**Offices de tourisme** – *Paseo de Canalejas - ✆ 956 241 001 - http://turismo.cadiz.es et www.cadizturismo.com - juil.-sept. : lun.-vend. 9h-19h, w.-end et j. fériés 9h-17h ; oct.-juin : lun.-vend. 8h30-18h30, w.-end et j. fériés 9h-17h. Avda José León de Carranza - ✆ 956 285 601 - mêmes horaires.* Également à playa de la Caleta et playa Victoria.

***Cordoue***

**Centre de réception des visiteurs « Puerta del Puente »** – *Pl. del Triunfo - www.turismodecordoba.org. Autres points d'information : pl. de las Tendillas et gare Renfe-AVE.*

**Pulsera Turística de Córdoba** – *✆ 902 201 774 - 10 €.* 50 % de réduction pour quelques lieux d'intérêt : l'alcázar, les bains de l'alcázar califal, le Musée taurin et le musée Julio Romero de Torres, et 20 % sur le spectacle équestre des Caballerizas Reales.

***Grenade***

**Office de tourisme de Grenade** – *Calle Cárcel Baja, 3 - www.turgranada.es ;* **Office de tourisme municipal** – *Pl. del Carmen - www.granadatur.com ;* **Office de tourisme d'Andalousie** – *Calle Santa Ana, 4 - www.andalucia.org.*

***Málaga***

**Office de tourisme municipal** – *Pl. de la Marina, 11 - ✆ 951 926 020 - www.malagaturismo.com - été : 9h-20h ; hiver : 9h-18h - fermé 1er janv. et 25 déc.*

La ville compte par ailleurs six autres **points d'information** : *à l'aéroport (hall d'arrivée), au port (selon arrivée croisières), à la gare ferroviaire, pl. de la Aduana (à l'entrée de l'alcazaba), calle Granada 70 et avenida de Cervantes 1.*

**Office de tourisme d'Andalousie** – *Pl. de la Constitución, 7 - ✆ 951 308 911 - www.andalucia.org - lun.-vend. 9h-19h30, w.-end et j. fériés 9h30-15h - fermé 1er janv. et 25 déc.*



***Séville***

**Office de tourisme d'Andalousie et de la province de Séville** – *Pl. del Triunfo, 1 (à gauche de l'entrée de l'alcázar) - www.turismosevilla.org, www.visitasevilla.es.*

**Office municipal de tourisme « Costurero de la Reina »** – *Paseo de las Delicias, 9.*

**Office de tourisme de la Junta de Andalucía :** *gare de Santa Justa, Avda de Kansas City ; Aéroport – Terminal des arrivées.*

**Visites guidées** – Passion Tours (www.passiontours.com), AGOT (www.guidetur.com), APIT (www.apitsevilla.com).

# Votre séjour de A à Z

## AMBASSADES ET CONSULATS

### Ambassade d'Espagne

**France** – 22 av. Marceau - 75008 Paris - ✆ 01 44 43 18 00 - www.exteriores.gob.es/embajadas/paris. Consulats à Bayonne, Bordeaux, Lyon, Montpellier, etc.
**Belgique** – R. de la Science 19 - 1040 Bruxelles - ✆ 02 230 03 40 - www.exteriores.gob.es/embajadas/bruselas.
**Suisse** – Kalcheggweg 24 - 3000 Bern - ✆ 031 350 52 52 - www.exteriores.gob.es/embajadas/berna.
**Canada** – 74 Stanley Avenue - Ottawa K1M 1P4 (Ontario) - ✆ (613) 747 2252 - www.exteriores.gob.es/embajadas/ottawa.



### Représentations diplomatiques en Espagne

**Ambassade de France** – Calle Salustiano Olózaga, 9 - 28001 Madrid - ✆ 914 238 900 - https://es.ambafrance.org.
**Consulat de France** – Plaza de Santa Cruz, 1 - 241004 Séville - ✆ 954 293 200 - https://es.ambafrance.org/-Consulat-general-a-Seville.
**Ambassade de Belgique** – Paseo de la Castellana, 18 - 28046 Madrid - ✆ 915 776 300 - http://spain.diplomatie.belgium.be.
**Ambassade du Luxembourg** – Calle Claudio Coello, 78 - 28001 Madrid - ✆ 914 359 164 - http://madrid.mae.lu.
**Ambassade de Suisse** – Edificio Goya, Calle Núñez de Balboa, 35 - 28001 Madrid - ✆ 914 363 960 - www.eda.admin.ch/madrid.
**Ambassade du Canada** – Torre Espacio, Paseo de la Castellana, 259 - 28046 Madrid - ✆ 913 828 400 - www.canadainternational.gc.ca/spain-espagne.
**Consulat du Canada** – Edificio Horizonte, Plaza de la Malagueta, 2 - 29016 Málaga - ✆ 952 223 346.

## BANQUE

L'Espagne fait partie de la zone euro.

### Banques/Change

*« Argent » p. 140 et « Horaires d'ouverture » ci-contre.*
Elles sont ouvertes du lundi au samedi de 8h30-9h à 13h-14h et ferment le samedi en été et dans les petites villes.

### Cartes de crédit

Les principales cartes de crédit sont acceptées dans la plupart des lieux d'hébergement, à l'exception de quelques pensions modestes. Il en va de même dans les restaurants d'un certain niveau et l'essentiel des commerces.

### Distributeurs

Vous en trouverez un peu partout dans le centre des villes. Avant d'effectuer votre transaction, vous pouvez généralement choisir l'option « francés ». Soyez attentif aux indications de l'écran, les opérations ne sont pas toujours dans le même ordre qu'en France.

**Bon à savoir** – Une commission est retenue dans les pays de l'UE à partir d'un certain nombre de retraits. Renseignez-vous auprès de votre banque.

## DÉCALAGE HORAIRE

L'heure est la même qu'en France (été comme hiver) = GMT + 1.

## ÉLECTRICITÉ

Le réseau électrique présente les mêmes caractéristiques qu'en France : 220 V et prises à deux fiches rondes.

## HANDICAP

Dans ce guide, le symbole ♿ signale les sites accessibles totalement (ou partiellement) aux visiteurs à mobilité réduite.

### *Pas de panique !*

**Police** – ✆ 091 (police) ou 062 (garde civile).
**Bomberos** (pompiers) et **Emergencias (urgences)** – ✆ 112.
**Croix-Rouge** – ✆ 954 376 613.

### *Perte d'une carte de crédit*

**American Express** – ✆ 900 814 500.
**Eurocard Mastercard** – ✆ 900 971 231.
**Visa international** – ✆ 900 991 124.

**Andalucía Inclusiva** – Calle Granada - 190 Almería - ✆ 950 273 911 - www.faam.es (en espagnol). En Espagne, la Confédération andalouse des personnes handicapées physiques fournit des renseignements sur les installations adaptées.

## HORAIRES D'OUVERTURE

**Banques** – Lun.-vend. de 8h-9h à 14h-15h30. Quelques banques ouvrent aussi le samedi matin.
**Bureaux de poste** – Dans les grandes villes, lun.-vend. 8h30-20h30 (14h30 pour les petites villes), sam. 9h30-13h. Ils ont des horaires beaucoup plus restreints dans les villages.
**Bureaux et commerces** – Généralement de 9h-10h à 13h30-14h, puis de 16h30-17h à 20h-21h, parfois plus tard. Fermés le dimanche.
**Restaurants** – Ouverts de 13h à 16h et de 21h à 0h dans les grandes villes. Les bars à tapas ont des horaires plus larges et ouvrent plus tôt le matin.
**Musées, monuments et sites** – Les horaires des **musées** sont indiqués dans la partie descriptive du guide. La plupart ferment entre 14h et 17h, à part les grands musées qui sont ouverts toute la journée. Le jour de fermeture est généralement le lundi. Les conditions de visite des **églises** ne sont spécifiées que si l'intérieur présente un intérêt particulier. Les cathédrales et églises réputées pour leur intérêt touristique sont ouvertes une bonne partie de la journée (et l'accès y est souvent payant), les autres se visitent durant les messes. Dans ce cas, il convient bien entendu de ne pas se faire remarquer.

## INTERNET

Vous trouverez des cybercafés dans toutes les grandes villes à un prix très raisonnable (1,50 à 3 € l'heure), mais sachez qu'en Espagne les claviers sont sur le mode QWERTY.
En outre, la plupart des hôtels mettent une **connexion wifi** à disposition de la clientèle.

## JOURS FÉRIÉS

*Agenda culturel p. 152.*
La liste n'est pas exhaustive, car chaque localité a ses propres jours fériés. Aussi citerons-nous seulement la fête de la Communauté autonome et les jours fériés communs à toute l'Espagne :



**1er janvier** – Jour de l'an.
**6 janvier** – Épiphanie.
**28 février** – Fête de l'Andalousie.
**Mars ou avril** (dates variables) – Jeudi et Vendredi saints (avant Pâques).
**1er Mai** – Fête du travail.
**Mai ou juin** – Corpus Christi, 60 jours après Pâques.
**15 août** – Assomption.
**12 octobre** – Fête nationale espagnole.
**1er novembre** – Toussaint.
**6 décembre** – Jour de la Constitution.
**8 décembre** – Fête de l'Immaculée Conception.
**25 décembre** – Noël.

## LOCATION DE VOITURES

Si vous partez durant la pleine saison touristique, mieux vaut réserver votre voiture assez tôt pour bénéficier de tarifs intéressants. Attention : même si, en Espagne, l'âge minimal légal pour conduire est de 18 ans, la plupart des agences de location refusent de louer aux moins de 21 ans.
Pour obtenir les tarifs les plus intéressants, passez par une société de courtage :
**Autoescape** – www.autoescape.com.
**BSP** – www.bsp-auto.com.

## MÉDIAS

Les principaux **quotidiens** sont *ABC*, *El Mundo* et *El País*.
L'Andalousie compte par ailleurs une multitude de journaux locaux tels que *Diario Sur* (Málaga), *Ideal* (Grenade), *Diario de Sevilla*, *Diario Córdoba*, *Granada Hoy*, *El Correo de Andalucía*... ainsi que quelques gratuits *(Qué, 20 Minutos)*.
L'Espagne compte une vingtaine de chaînes de **télévision** nationales, dont 2 chaînes généralistes publiques (La 1 et La 2). En Andalousie, il existe aussi une chaîne régionale : Canal Sur.

## OFFICES DE TOURISME

*« Pour en savoir plus » p. 140, pour retrouver les offices de tourisme des principales villes.* Vous trouverez les adresses, numéros de téléphone et horaires d'ouverture des offices de tourisme des autres localités dans la partie « Visiter l'Andalousie ».
Sur les plans de villes de ce guide, les offices de tourisme sont signalés par le symbole **i**.

## POSTE

*« Horaires d'ouverture » p. 143.*
Les bureaux de poste, signalés par le nom **Correos**.
Les **timbres** *(sellos)* sont également en vente dans les bureaux de tabac *(estancos)*. Comptez 1,25 € d'affranchissement pour une carte postale vers n'importe quel pays d'Europe (1, 35 € au-delà).
Pour plus de renseignements, consultez le site www.correos.es.

## POURBOIRE

Même si le service est compris, il est d'usage de laisser un pourboire dans les bars, les restaurants, ainsi qu'aux chauffeurs de taxi.

## RESTAURATION

*« Horaires d'ouverture » p. 143, « Se restaurer » p. 108 et « Gastronomie » p. 162.*
La plupart des établissements sont à la fois **bar à tapas** et **restaurant**. C'est l'un des charmes irrésistibles de l'Andalousie, et cela permet de se restaurer selon son budget. Les établissements se composent très souvent de trois espaces : le bar, où l'on prend, debout, un verre accompagné de tapas ; un espace proche du bar (en général des tables non dressées) pour s'asseoir et partager quelques **raciones** ; une salle indépendante (le restaurant à proprement parler), avec nappes et service à la table, pour les vrais plats cuisinés. À table, on paie systématiquement 1 ou 2 € pour le pain et les éventuelles olives. Le soir, ce sont les tapas et les *raciones* qui attirent le plus de monde, et vous trouverez davantage d'ambiance au bar que dans la salle. Pour le déjeuner, en revanche, les Sévillans aiment faire un vrai repas, et beaucoup de restaurants proposent des menus du jour *(menú del día)* très économiques. Il existe aussi de petits bars exclusivement dédiés aux tapas, souvent spécialisés (fruits de mer, charcuterie, poisson frit...), et, à l'inverse, quelques rares restaurants sans bar ni tapas.

## SANTÉ

Afin de bénéficier d'une assistance médicale en Espagne au même coût que dans leur pays d'origine, les citoyens de l'Union européenne doivent se procurer la **carte européenne d'assurance maladie**. Elle s'obtient en env. 2 semaines sur demande auprès de leur organisme d'assurance maladie. Si votre départ est précipité, vous pouvez télécharger une attestation provisoire sur www.ameli.fr.
**Bon à savoir** – Les **allergies dues au pollen des oliviers** (entre avril et juillet) peuvent être très virulentes et touchent un grand nombre de personnes.

### Urgences

Pour les urgences médicales, composez le **112** (numéro européen gratuit).

### Pharmacies

Les pharmacies sont généralement ouvertes de 9h30 à 13h30 et de 16h30 à 20h. Dans les grandes villes, elles peuvent rester ouvertes toute la journée. La liste des pharmacies de garde, la nuit et le week-end, est toujours affichée en vitrine et publiée dans la presse.

## SÉCURITÉ

**Police** – ✆ 091.
Comme dans tous les lieux touristiques, il faut faire attention aux pickpockets, au vol à l'arraché et au risque de vol à la roulotte. Ne gardez pas d'argent ni de papiers dans des poches extérieures (ni rien de trop précieux dans les sacs à main) et ne laissez rien d'apparent dans votre voiture.

## SPORTS ET LOISIRS



### *Baignade en mer*

On trouve deux types de plages : celles de l'océan Atlantique, délimitées par le littoral de Huelva, de Cadix et de Tarifa, et celles de la mer Méditerranée, qui couvrent tout le sud, de Gibraltar à Almería. Les plages atlantiques sont grandes et ourlées de sable fin, mais on est souvent gêné par le vent et les vagues. Parmi les plus belles, citons celles de Huelva, de Tarifa (très ventée et donc propice à la pratique du surf et de la planche à voile) et de Chiclana de la Frontera. Les plages méditerranéennes sont plus abritées et l'eau y est plus chaude. Celles de Monsul et de los Genoveses au cap de Gata, près d'Almería, ainsi que celles de Marbella (Costa del Sol) comptent parmi les plus agréables.

### *Corrida*

La corrida occupe une place majeure en Andalousie et figure au programme de toutes les festivités. Vous pourrez assister à des corridas pendant les férias et autres fêtes traditionnelles de la région, ainsi que certains dimanches en saison à Séville. Vous trouverez la liste et les affiches des corridas prévues sur les sites www.aplausos.es ou www.mundotoro.com.
Il est inutile de réserver longtemps à l'avance, hormis pour les principales férias ou si de grandes vedettes figurent à l'affiche. Le prix des places varie selon leur éloignement par rapport à la piste et leur ensoleillement. Celui-ci est divisé en trois catégories : **sombra** (ombre), le plus cher ; **sol** (soleil), le moins onéreux ; et, entre les deux, **sol y sombra** (ombre et soleil).

### *Golf*

L'Andalousie compte plus de 100 golfs, qui se concentrent surtout sur la Costa del Sol, près des grands hôtels de Benalmádena et de Marbella, et dans la région de Cadix. Quelques-uns se trouvent aux abords des grandes villes comme Séville, Huelva, Grenade et Almería.
**Real Federación Andaluza de Golf** – www.rfga.org (en espagnol).

### *Plongée*

Les étrangers doivent posséder un diplôme de plongée (le titre français suffit) ou demander un permis à l'un des clubs adhérant à la Fédération des activités sous-marines et souscrire une assurance spéciale plongée (env. 5 €/j). Il faut aussi présenter un

certificat médical récent autorisant la pratique de ce sport. Les meilleurs lieux pour plonger sont d'abord les eaux tranquilles du cap de Gata, près d'Almería (le plus beau), et Benalmádena, près de Málaga, pour la Méditerranée ; Cadix, Tarifa et Algésiras sont les plus intéressants côté Atlantique. Sachez toutefois que les conditions de plongée sont difficiles dans l'Atlantique : eau froide, visibilité de 15-20 m, parfois même quasiment nulle, forts courants. C'est pourquoi il est impératif d'être accompagné d'un instructeur local qui connaît bien les courants et les marées. La plongée à Tarifa et Algésiras peut être très dangereuse à cause des courants dus à la rencontre de l'Atlantique et de la Méditerranée dans le détroit de Gibraltar ; elle est déconseillée aux plongeurs débutants.
**Federación Andaluza de Actividades Subacuáticas** - www.faasub.es (en espagnol).

### *Randonnées pédestres et VTT*

Les amateurs de randonnée *(senderismo)* et de VTT peuvent consulter les sites www.andalucia.org et www.fedamon.com (Fédération des activités de montagne). Ils proposent de nombreux itinéraires de randonnées à pied ou à vélo. Sachez que 19 GR sillonnent l'Andalousie, dont le GR 7 (sentier européen E 4) qui la traverse en biais, de la sierra de Cazorla jusqu'à Algésiras en passant vers Grenade (avec une branche sud et une branche nord). Pour le vélo, on fait de belles randonnées vers la naissance du Guadalquivir dans la sierra de Cazorla et dans la province de Jaén, la région de Cadix, la Sierra Nevada (en été) et vers Algésiras et Gibraltar.
**Federación Andaluza de Ciclismo** - www.andaluciaciclismo.com (en espagnol).

### *Randonnées équestres*

En Andalousie, vous pourrez profiter des beautés du Parc national de Doñana ou de la sierra de Cazorla, effectuer des circuits passant par des petits villages et des zones historiques d'al-Andalus ou faire un séjour équestre dans une *hacienda*. Pour tout renseignement : www.andalucia.org.

### *Sports nautiques*

Les côtes andalouses font partie des mieux équipées d'Europe. On dénombre 44 ports de plaisance, ponctuant les 836 km de côte atlantique et méditerranéenne.
La plupart des ports sont dotés d'écoles de voile, de plongée et de planche à voile. Certains disposent même d'une école de canoë-kayak.
La Mecque des véliplanchistes est Tarifa.
Pour tout renseignement : www.puertosdeandalucia.com.
**Federación Andaluza de Vela** - www.fav.es (en espagnol).
**Federación Andaluza de Wakeboard y Esquí Náutico** - www.fawen.es (en espagnol).

### *Thermalisme*

Les stations thermales andalouses se situent dans de très beaux cadres naturels (quatre dans la province de Grenade, deux dans celle d'Almería, une dans celle de Jaén et une dans la province de Cadix).

### *Tourisme équestre*
Le cheval est étroitement lié à la culture andalouse. Des traditions hippiques très anciennes se perpétuent dans la région : festivités dans le Parc national de Doñana *(« saca de las yeguas » le 26 juin)*, spectacles de l'école d'art équestre de Jerez de la Frontera, courses de taureaux de Séville *(avril)*...

## TAXI

En général, on en trouve assez facilement (lumière verte : taxi libre) et la course n'est pas très chère (comptez 6-12 € maximum en ville).
Il existe un tarif de jour et un tarif nuit, week-end et jours fériés.
Sachez que les trajets aéroport-Séville sont à prix fixe : 22,20 € (24,75 € nuit, week-end, jours fériés, Sem. sainte et féria de jour, 30,93 € Sem. sainte et féria de nuit) auquel il faut ajouter un supplément bagages (0,49 €/valise).



## TÉLÉPHONE

### *Appels à l'intérieur du pays*
Pour les appels locaux et nationaux, quelle que soit la province, il suffit de composer le numéro à 9 chiffres de votre correspondant.

### *Appels internationaux*
Appels depuis l'Espagne :
- vers la France : 00 + 33 + le n° du correspondant sans le 0 initial;
- vers la Belgique : 00 + 32 + n° de la zone sans le 0 + n° du correspondant;
- vers le Luxembourg : 00 + 352 + n° de la zone sans le 0 + n° du correspondant;
- vers la Suisse : 00 + 41 + n° de la zone sans le 0 + n° du correspondant;
- vers le Canada : 00 + 1 + n° de la province + n° du correspondant.

### *Renseignements*
Pour tout renseignement, appelez le ✆ 118 22 ou consultez le service Internet des **annuaires** : www.paginasamarillas.es (pages jaunes) et www.paginasblancas.es (pages blanches).

### *Appeler*
**Locutorios** – Ces centres d'appels sont très utiles pour téléphoner à l'étranger. On y paie la communication à un prix raisonnable et on en trouve même dans les petites villes.
**Téléphones portables français** – Depuis le 15 juin 2017, date de la suppression des frais d'itinérance au sein de l'Union européenne, les appels, SMS et données mobiles sont facturés au même tarif que dans le pays d'origine. Vérifiez auprès de votre opérateur si les appels sont décomptés ou non de votre forfait et pour connaître le montant d'éventuels volumes d'itinérance au-delà desquels des frais resteraient applicables.

## TRANSPORTS EN COMMUN

### *Autocar*
Les autocars sont un moyen pratique, moderne et économique pour se déplacer en Andalousie. Plusieurs lignes relient les chefs-lieux andalous aux autres villes espagnoles.
*Vous trouverez les coordonnées des principales compagnies dans les carnets pratiques situés à la fin*

*du descriptif de chaque ville dans la partie « Découvrir l'Andalousie ».*

### Bateau

Dans les ports de commerce d'Algésiras, Cadix, Málaga, Almería et Tarifa, vous trouverez des compagnies maritimes qui vous proposeront des traversées vers le Maroc ou les Canaries :
**Trasmediterránea** - www.trasmediterranea.es (en espagnol).
**Euroferrys** - www.directferries.fr.
**Ferrys Rápido del Sur (FRS)** - www.frs.es.
Pour comparer routes, tarifs et disponibilités (et réserver en ligne), vous pouvez également consulter le site **www.directferries.com**.

### Train

L'**AVE** et l'**AVANT** sont des trains rapides, équivalents de notre TGV. Le premier relie Madrid (Atocha) à Málaga (2h30) et Séville (2h30) *via* Cordoue (1h40), tandis que le second relie Málaga et Séville (1h55) *via* Antequera-Santa Ana (25mn) et Cordoue (1h05).
Le **Talgo** est un train de haute technologie (200 km/h), qui a bénéficié de l'infrastructure de l'AVE. Il relie Madrid aux villes andalouses comme Cadix (5h15) *via* Cordoue (2h), Séville (2h45) et Jerez de la Frontera (4h10), ainsi qu'Almería (7h) *via* Guadix (5h20).
**Altaria** constitue la nouvelle génération de trains qui relie Madrid à Grenade (4h30) *via* Cordoue et Antequera, Algésiras (5h30) *via* Cordoue et Ronda, ainsi que Huelva (4h15) *via* Cordoue et Cadix (même parcours que le Talgo).
Pour plus de renseignements, contactez la Société nationale des chemins de fer espagnols :
**Renfe** - ✆ 902 320 320 - www.renfe.com. Renseignements et réservations 24h/24.
**Réductions** - Les enfants de moins de 4 ans voyagent gratuitement à condition de ne pas occuper de siège. De 4 à 14 ans, ils bénéficient d'une réduction de 40 %. Jusqu'à 25 ans, avec la carte ISIC, ils profitent de 20 % de réduction sur certains trajets. Sachez aussi que si vous effectuez un trajet **aller-retour**, vous bénéficiez automatiquement d'une réduction de 20 % sur le prix de l'aller simple.
**Tarjeta InterRail** - La carte InterRail permet une libre circulation des Européens sur les réseaux de chemin de fer d'Espagne, en 1re ou 2e classe, pendant 5 jours (355 € en 1re classe, 267 € en 2e classe) sur une période de 15 jours, 7 jours (422/318 €) ou 10 jours (505/378 €) sur une période de 1 mois. Tarifs préférentiels pour les moins de 25 ans. Des suppléments sont souvent à prévoir sur les trains rapides. Plus d'informations sur www.interrail.eu.

## VISITES GUIDÉES

Pour l'ensemble de l'Andalousie, le mensuel gratuit **El Giraldillo** *(www.elgiraldillo.es)* donne des informations sur les foires, expositions, spectacles, restaurants, cinémas, etc. *Gratuit, il est distribué dans les offices de tourisme et certains bars.*

# Agenda culturel

## RENDEZ-VOUS ANNUELS

Il n'est pas un jour sans qu'une fête soit célébrée en quelque point d'Andalousie. Aussi, cette liste ne saurait être exhaustive. Nous ne citons que les principales manifestations, mais vous trouverez dans les offices de tourisme des calendriers des fêtes régionales.

### *Janvier*

**Grenade** – Commémoration de la prise de Grenade (Día de la Toma). 2 janv.



### *Février-Mars*

**Grenade** – Fête de San Cecilio, patron de la ville. Dim. le plus proche du 1er fév.
**Dans de nombreuses localités** – Processions de la Chandeleur. 2 fév.
**Cadix**, **Sanlúcar de Barrameda** (Cadix), **Carmona** (Séville) et **Ayamonte** (Huelva) – Fêtes du carnaval. Sem. précédant le merc. des Cendres.
**Un peu partout** – Fête de l'Andalousie. 28 fév.
**Jerez de la Frontera** (Cadix) – Festival de flamenco. 2 sem. en fév.-mars.

### *Avril*

**Málaga** – Festival du cinéma espagnol. 8 j. en avr.
**Dans toute l'Andalousie**, surtout à **Séville**, **Málaga**, **Cordoue** et **Grenade** – Semaine sainte. Processions solennelles du dim. des Rameaux au Vendredi saint.
**Séville** – Féria d'avril. La féria proprement dite appelée « Semaine des Farolillos » commence le mar. de la 3e sem. après la Semaine sainte et dure jusqu'au dim. suivant. Les corridas sont célébrées pendant 2 sem., le programme montant en intensité à mesure que l'on approche des Farolillos.
**Cordoue** – Concours national de flamenco (triennal). Avr.-mai.
**Jerez de la Frontera** (Cadix) – Féria du cheval *(Feria del Caballo)*. 1 sem. entre fin avr. et mi-mai.

### *Mai*

**Dans toute l'Andalousie** – Croix de Mai. 3 mai.
**Cordoue** – Fiesta de los Patios (1re quinz.), féria de la Salud (fin mai).
**El Puerto de Santa María** (Cadix) – Féria du printemps et du *vino fino*. 4e sem. après la Semaine sainte.
**Cazorla** (Jaén) – Fête de San Isicio. 14 et 15 mai.
**El Rocío** (Huelva) – Pèlerinage. Le dim. précédant la Pentecôte.
**Sanlúcar de Barrameda** (Cadix) – Féria du manzanilla. Fin mai.

### *Juin*

**Dans toute l'Andalousie,** surtout à **Grenade** (qui célèbre sa féria), **Cabra** et **Carcabuey** (Cordoue) – Corpus Christi (Fête-Dieu). Procession solennelle. 1 sem. autour du 2e jeu. après la Pentecôte (entre le 15 mai et le 15 juin).

**Sur les plages andalouses**, notamment à **Almería** - Fête de la San Juan (feux de la St-Jean). Nuit du 23 au 24 juin.
**Grenade** - Festival international de musique et de danse. 2 sem. en juin-juil.

## *Juillet*

**Cordoue** - Festival de la Guitarra. 1re quinz. de juil.
**Palma del Río** (Cordoue) - Festival du théâtre dans le Sud. Déb. juil.
**Dans nombre de localités côtières**, surtout dans la **province d'Almería** - Vierge du Carmen, processions en mer. 16 juil.
**Bailén** (Jaén) - Fêtes commémoratives de la bataille de Bailén. 17-22 juil.
**Nerja** (Málaga) - Festival des grottes de Nerja (musique et danse). 3e ou 4e sem. de juil.
**Huelva** - Fêtes colombines *(fiestas colombinas)*. 1 sem. en juil.-août.

## *Août*

**Cortegana** (Huelva) - Journées médiévales. 5 j. en août.
**Priego de Córdoba** (Cordoue) - Festival international de musique, de théâtre et de danse.
**Sanlúcar de Barrameda** (Cadix) - Courses de chevaux sur la plage. Réparties dans le mois.
**Vejer de la Frontera** (Cadix) - Fête de la Vierge de l'Olive *(Velada de Agosto)*. 10-24 août.
**Málaga** - Féria. 2e sam. au 3e dim. d'août.
**Almería** - Féria. 10 j. durant la 2e quinz. d'août.
**Bubión** (Grenade) - Fêtes des Maures et des chrétiens. Avant-dernier dim. d'août.
**Priego de Córdoba** (Cordoue) - Féria royale. Fin août-déb. sept.

## *Septembre*

**Grenade** - Festival de flamenco de l'Albaicín.
**Cabra** (Cordoue) - Fête de la Vierge de la Sierra. 1 sem. déb. sept.
**Montilla** (Cordoue) - Fête des vendanges. Déb. sept.
**Chipiona** (Cadix) - Fête de N.-D. de la Regla. 4-8 sept.
**Baza et Guadix** (Grenade) - Fêtes du Cascamorras. 5-9 sept.
**Lora del Río** (Séville) - *Romería* à la Vierge de Setefilla. 8 sept.
**Ronda** (Málaga) - *Corrida Goyesca*. Festival de Cante Grande. 1re quinz. de sept.
**Jerez de la Frontera** (Cadix) - Fêtes de la Vendimia (fête des vendanges et fête de la danse). 15 j. en sept.
**Écija** (Séville) - Fête de San Mateo. Une sem. autour du 16 sept.
**Séville** - Féria de San Miguel - Dernier w.-end de sept.

## *Octobre*

**Jaén** - Féria de San Lucas. 18 oct.

## *Novembre*

**Grenade** - Festival international de jazz.
**Baeza et Úbeda** (Jaén) - Festival de musique ancienne. Nov.-déc.
**Séville** - SICAB, Salon international du cheval.

## *Décembre*

**Málaga** - Fête de los Verdiales. 28 déc.

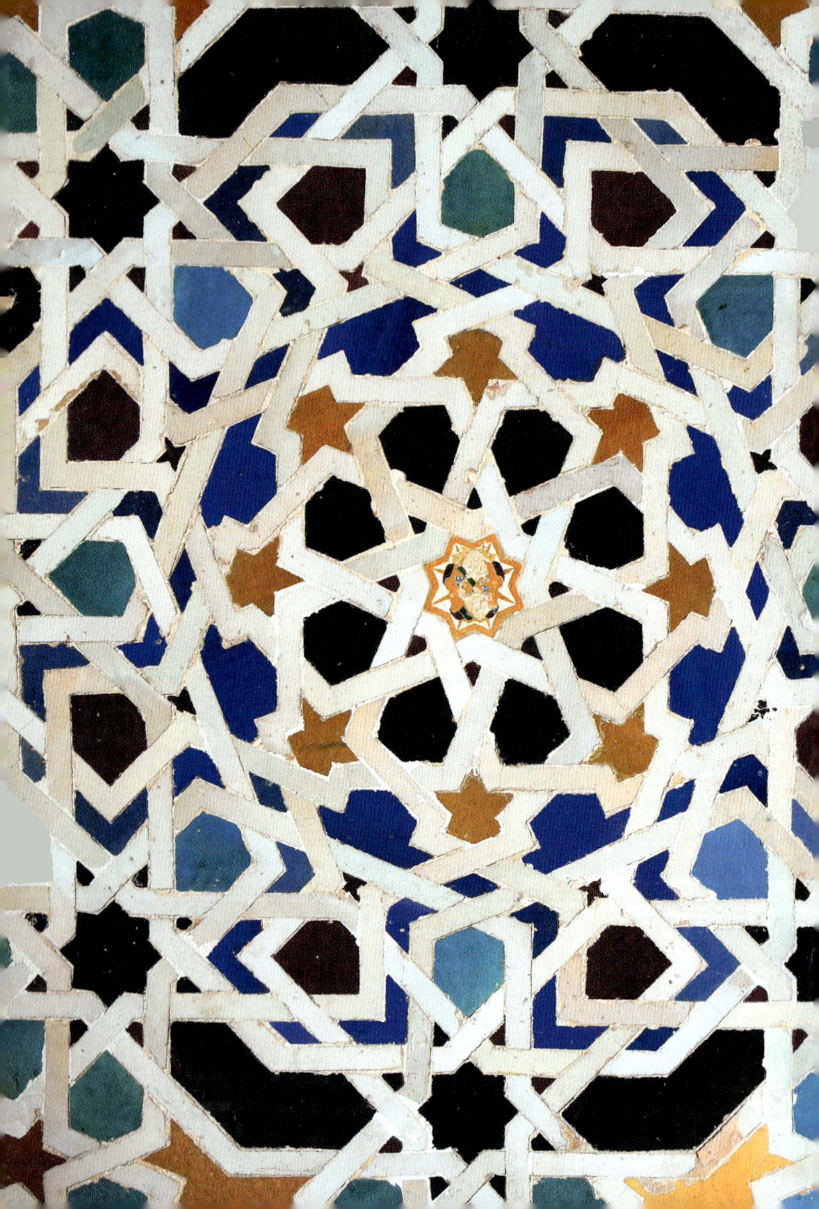

# *Pour en savoir plus*





*Les azulejos du Mexuar, l'un des palais nasrides de l'Alhambra de Grenade.*
M. Colin/hemis.fr

# Les dates clés

## LES GRANDES DATES DE L'ANDALOUSIE

**1100 av. J.-C.** – Fondation de Cadix par les Phéniciens.
**204 av. J.-C.** – Les Romains conquièrent Cadix.
**711** – Les troupes de Tarik traversent le détroit de Gibraltar, c'est le début de la conquête musulmane.
**756** – Création de l'émirat de Cordoue.
**1031** – Dislocation du califat en royaumes de *taifas.*
**1086-1212** – Domination des Almoravides puis des Almohades.
**1212** – La défaite des Maures à la bataille de Las Navas de Tolosa ouvre l'Andalousie à la Reconquête : Cordoue (1236), Séville (1248), Cadix (1261)...
**1238** – Établissement du royaume nasride avec Grenade pour capitale.
**1469** – Mariage d'Isabelle de Castille et de Ferdinand d'Aragon.
**1478** – Début de la sainte Inquisition.
**1492** – Chute de Grenade ; expulsion des Juifs ; découverte de l'Amérique par Christophe Colomb.
**1499-1501** – Première révolte des morisques dans les Alpujarrras.
**1519** – Charles Ier devient Charles Quint.
**1568-1571** – Deuxième révolte dans les Alpujarrras. Les morisques sont dispersés.
**1609** – Expulsion définitive des morisques.
**1701-1714** – Guerre de Succession d'Espagne, qui se solde par l'arrivée des Bourbons sur le trône.
**1808-1814** – Guerre d'indépendance contre les Français.
**1812** – Approbation par les Cortes de Cadix d'une Constitution libérale (dite « la Pepa »).
**1936-1939** – Guerre d'Espagne.
**1975** – Mort de Franco. Juan Carlos Ier proclamé roi.
**1981** – Entrée en vigueur du statut d'autonomie de l'Andalousie.
**1982-1996** – Felipe González, un Andalou, président du gouvernement espagnol.
**1992** – Exposition universelle à Séville.
**2004** – Lancement du Parc technologique aérospatial d'Andalousie, baptisé Aerópolis, dans la localité de La Rinconada, près de Séville.
**2007** – Nouveau statut d'autonomie de la communauté, approuvé par référendum.
**2011** – Mariano Rajoy (PP) est élu président du gouvernement espagnol et succède à José Luis Rodríguez Zapatero (PSOE).
**2012** – Début de la XIe législature de la communauté autonome andalouse.
**2015** – Susana Díaz Pacheco se maintient à la tête de la Junta de Andalucía après les élections du mois de mars.
**2017** – La tour Sevilla (de l'architecte César Pelli) est inaugurée.
**2018** – Mariano Rajoy renversé, Pedro Sanchez – réélu en 2017 à la direction du PSOE face à la présidente de l'Andalousie Susana Díaz – devient président du gouvernement.

# Al-Andalus

L'Andalousie musulmane ou al-Andalus fut le théâtre pendant huit siècles (de 711 à 1492) de l'incroyable cohabitation de plusieurs mondes religieux, culturels et architecturaux totalement opposés. Dans cette région où vivait une population composée d'Arabes, de Berbères, de mozarabes (chrétiens arabisés), de muwallads (chrétiens convertis à l'islam) et de juifs, l'empreinte laissée par les musulmans reste importante.

## LES VILLES

La culture islamique favorisa le développement de grandes villes, équipées de commodités (réseau d'égouts, éclairage urbain) bien plus nombreuses que dans les villes chrétiennes de cette époque.
La **médina** *(al-Madinat)*, le noyau initial fortifié de la ville, présentait un enchevêtrement de rues et de ruelles. Dans ses quartiers *(harat)* se regroupaient les artisans de même corporation ou les familles de même religion (*judería* ou quartier juif et *mozarabía* ou quartier mozarabe).
À l'intérieur de la médina se trouvaient aussi des **zocos** (de l'arabe *souk*) ou marchés, des **bains publics** *(hammam)*, des **mosquées**, des auberges et même, dans les grandes villes, une université ou *madraza*.
Autour de la médina s'étendaient les **faubourgs** *(al-Rabad)*, quartiers plus modernes qui, au fil du temps, allaient se fortifier. Les autorités civiles et militaires ainsi que les troupes et leurs familles résidaient dans l'**Alcazaba** *(al-Qasaba)*, cette citadelle indépendante fortifiée et dotée de services propres.

## LA DÉFENSE DU TERRITOIRE

Les habitants d'al-Andalus construisirent de nombreux édifices militaires, dont bon nombre sont toujours debout et ont été réutilisés après la Reconquête.
Après l'Alcazaba, la construction urbaine la plus typique était le **château**, solide forteresse généralement orientée d'est en ouest et divisée en deux zones distinctes : l'**alcázar** réservé aux représentants et organisé autour d'un patio central, et une grande esplanade où se dressaient les bâtiments destinés à la troupe. Dépendant d'un château principal, une série de forteresses de moindre importance communiquait en permanence avec des **tours de guet**. Les **murailles** étaient renforcées par des tours (reliées par un chemin de ronde) où logeait la garnison et par des créneaux dont le sommet était de forme pyramidale. Au 11$^{e}$ s., on vit apparaître les premières **barbacanes**, ouvrages défensifs situés devant les murailles, ainsi que les premières douves. Plus tard, à l'époque almohade, on commença à édifier des **tours avancées** (Torre del Oro de Séville), indépendantes de l'enceinte à laquelle elles étaient néanmoins reliées par un mur ou **coracha**.

# Arts et traditions populaires

## LE FLAMENCO

### Le chant des entrailles

Le flamenco est une forme musicale dans laquelle l'émotion dépasse les règles et qui fait appel à tous les sens. Comme un chant sorti des entrailles, le **cante jondo** (chant profond) exprime le plus souvent une douleur, une incompréhension, un chagrin d'amour ou de la nostalgie, même si certains styles peuvent adopter des thèmes plus légers.
Il se compose de **coplas**, des couplets souvent composés de quatre vers.
La **guitare** et l'art du **tocaor** (le guitariste) sont indispensables au chant flamenco. Depuis les années 1970, la *guitarra flamenca* a notamment été mise en valeur par le grand **Paco de Lucía (1947-2014)**. Quant à la danse *(baile),* qui l'accompagne parfois, elle connaît différentes formes.



### L'artiste et son public

Les rapports du **cantaor** (chanteur) ou du *tocaor* avec son public pendant un concert sont partie intégrante de la tradition flamenca. L'assistance manifeste son émotion en interpellant l'artiste, et les artistes s'encouragent entre eux, dans un climat d'échange chaleureux qui, parfois, confine au **duende**. Ce mot intraduisible désigne un moment de communion intense entre l'interprète et le public, comme un courant électrique qui surgirait sans prévenir. On dit que **Camarón de la Isla** (1950-1992) avait le don magique de le provoquer...

### L'histoire du flamenco

Le flamenco, né au milieu du 19e s., trouve son origine dans différentes formes musicales qui existaient déjà en Andalousie, telles que les musiques juive, byzantine, arabe et même hindoue. Le berceau du flamenco semble être la basse Andalousie (Jerez, Cadix...).
Longtemps associé aux « voyous » par la bonne société, le flamenco n'a pas été créé par les gitans mais ces derniers lui ont apporté leur touche personnelle et leur magistrale capacité d'interprétation.
C'est grâce à García Lorca et Manuel de Falla qu'il acquit ses lettres de noblesse et put apparaître comme une manifestation culturelle du peuple andalou. Les générations récentes ont su démontrer que le flamenco est toujours vivant et à même d'évoluer. Citons, par exemple, **Enrique Morente** (1942-2010), grand connaisseur de tous les *palos flamencos,* et **Diego El Cigala**, qui connaît actuellement un grand succès.

R. Mattes/hemis.fr

*Le flamenco a été inscrit par l'Unesco au Patrimoine Culturel Immatériel de l'Humanité.*



## LA CORRIDA

La corrida suscite toujours de longs débats entre partisans et détracteurs, dont la sensibilité est heurtée par le spectacle cruel des mises à mort, mais c'est un des aspects de la culture espagnole difficile à ignorer, et l'Andalousie reste une destination prisée des amateurs de tauromachie.

### *Une longue histoire*

Le combat de l'homme contre le taureau existe en Espagne depuis le Moyen Âge (on en retrouve la trace dès le 11e s.), mais il se pratiquait alors à cheval. Les règles de la tauromachie se sont façonnées progressivement au 18e s. Les *aficionados* de corrida la considèrent comme un art, un rite même, dans lequel l'homme et l'animal s'affrontent pour la vie ou la mort, chacun devant prouver sa bravoure au monde. Dans ce rituel, tout est codifié, le lieu, le costume, la chronologie du spectacle, l'enchaînement des passes, jusqu'à la mise à mort finale du taureau, qui lui donne sa dimension tragique.

### *Deux types de corridas*

On distingue deux types de corridas, bien que leur structure fondamentale reste identique. Les traditionnelles **corridas de toros** se déroulent à pied, tandis que, lors des **corridas de rejón**, le matador combat à cheval. Les **novilladas** opposent quant à elles de jeunes taureaux aux aspirants matadors.

# *Fêtes et festivités*

Les Andalous ont le sens de la fête, ils la vivent intensément. Pour preuve, on en compte trois mille dans l'année. La plupart sont d'inspiration religieuse (processions et pèlerinages), d'autres d'inspiration profane comme les férias ou les carnavals.

## LA SEMAINE SAINTE

Les longs défilés de la Semaine sainte, la plus grande fête d'Andalousie, s'ébranlent au rythme funèbre des tambours et, plus gai, d'orchestres qui ajoutent une note profane.
Toutes les villes comme tous les villages d'Andalousie commémorent la Passion et la mort du Christ avec des processions de magnifiques œuvres d'art réalisées par d'illustres sculpteurs comme Alonso Cano (*p. 166*), Martínez Montañés (*p. 168*) ou Pedro de Mena. Ces statues sont placées sur les **pasos** (Séville) ou **tronos** (Málaga), sortes de chars en bois sculpté, rehaussés d'argent ciselé et ornés d'innombrables fleurs. Entre les deux pasos, des centaines de **nazarenos** (pénitents) cagoulés suivent, certains pieds nus (et bientôt en sang), d'autres aux yeux bandés. Les rues grouillent de monde, les terrasses des bars se remplissent, de véritables embouteillages se forment lorsque deux processions se croisent, et ce bouillonnement aux allures parfois très profanes (voire franchement païennes...) pourrait en surprendre plus d'un.



## LES PÈLERINAGES (ROMERÍAS)

Toutes les régions comptent de nombreux sanctuaires où l'on vénère la Vierge sous divers vocables : Vierge de la Tête, Vierge de la Beauté et de la Règle, de la Lune et du Soleil, du Roc et de la Montagne...
Si chaque pèlerinage présente ses particularités, parfois assez originales, tous se déroulent à peu près de la même manière : on se rend d'abord à l'église (souvent en carrioles décorées et fleuries menées par des chevaux), puis ont lieu la cérémonie religieuse et la procession, suivies du repas ; pour finir, chants et danses rythment le dîner dans la campagne jusqu'à l'aube. Le pèlerinage le plus célèbre est celui de la **Vierge del Rocío**, événement exceptionnel auquel participent environ un million de pèlerins.

## LES CROIX DE MAI

La fête des Croix, qui a lieu le 3 mai, est célébrée à l'occasion de la fête religieuse de l'Invention de la Sainte Croix. La tradition veut qu'au 6e s. de notre ère, la mère de l'empereur Constantin découvrit la Croix (*Lignum crucis*) sur laquelle fut crucifié le Christ et la divisa en petits fragments qui furent répartis dans tout le monde chrétien : les « morceaux de la Vraie Croix ». Les Croix de Mai sont célébrées partout en Andalousie, elles sont décorées de branches de romarin et de fleurs et vénérées, puis l'on chante et l'on danse une bonne partie de la nuit.

## LE CARNAVAL

Dans la plupart des cités andalouses, le carnaval est une fête traditionnelle, mais c'est à **Cadix** qu'il est le plus spectaculaire. Le carnaval se déroule sous le signe de la gaieté et de la bonne humeur. Les héros de la fête sont les **comparsas**, ces groupes vêtus à l'identique qui parcourent les rues en entonnant des chansons faisant allusion aux événements politiques ou sociaux, ne reculant pas devant cette impertinence volontiers gouailleuse (la *gracia*) dont les Andalous ont le secret.
Dans les villages plus proches de la Meseta castillane (haut plateau situé au centre de la péninsule), le carnaval, nettement plus sobre, fête l'« enterrement de la sardine », en référence au poisson que l'on mangeait en période de carême.

B. Morandi/hemis.fr

*Tradition et élégance lors de la féria de Séville.*

## LA FÉRIA

Les férias andalouses, si colorées, pleines de musique, de danses et joie, sont issues des traditionnelles foires au bétail du printemps et de l'automne créées au Moyen Âge.
La féria de Séville, qui est de renommée mondiale et sert de modèle à d'autres grandes férias comme celles de Cordoue, Málaga ou Jerez, ne date que de 1847.
La féria ne se déroule pas au cœur de la ville mais dans une enceinte, le Campo de Feria. À l'intérieur, les différents espaces sont clairement délimités : le secteur des attractions foraines, le secteur commerçant ou Rastro (uniquement dans les villages), et enfin le **Real** de la féria, où sont installées les **casetas**, fragiles et éphémères pavillons de bois et de toile où l'on mange, chante et danse tout au long du jour et de la nuit. De midi à 16h environ, tout le monde se rend au Real en costume régional. La musique bat son plein dans les *casetas,* et tandis que les uns dansent, les autres se promènent dans les rues à pied, montés sur de superbes chevaux harnachés ou dans des calèches. Après la sieste (puis l'indispensable corrida), les enfants sont les rois de la fête jusqu'à une heure avancée. Le soir (c'est-à-dire la nuit), les gens viennent dîner à la féria, vêtus cette fois-ci simplement, prêts à faire la fête jusqu'au petit matin.

# Gastronomie

Voir aussi « Restauration » p. 145.

## LES TAPAS

Le *tapeo*, invention andalouse et plus spécialement de Grenade, est une coutume indissociable de la gastronomie espagnole et aujourd'hui célèbre bien au-delà des frontières de l'Espagne. À l'origine, la **tapa** (couvercle) est l'assiette avec laquelle on couvrait les carafes ou les verres de vin pour en éloigner les mouches, et que l'on remplissait de petites choses à picorer (une fine tranche de jambon, une grosse crevette, un petit morceau d'omelette). L'habitude fut prise de servir une *tapa* avec chaque verre, et au fil du temps, ces portions varièrent. Encore aujourd'hui, de nombreux bars vous offriront une *tapa* avec votre apéritif. Celles décrites ci-dessous, qu'il faudra régler, peuvent aisément composer un repas.

*Bars à tapas, voir « Se restaurer » p. 108.*

**Les tapas les plus courantes** – *Albóndigas* (boulettes de viande) ; *bacalao* (morue) ; *berenjenas* (aubergines) ; *boquerones* (anchois) ; *calamares fritos* (beignets de calamars) ; *ensalada de pulpo* (salade de poulpe), *ensaladilla rusa* (salade de pommes de terre) ; *gambas al ajillo* (crevettes à l'ail) ou *al pil pil* (cuites dans l'huile bouillante pimentée) ; *morcilla* (boudin noir) ; *pescaítos fritos* (petite friture) ; *pimiento del piquillo* (poivron rouge mariné à l'huile) ; *tortilla* (omelette épaisse).

## LES CARACTÉRISTIQUES DE LA GASTRONOMIE

À l'intérieur des terres, où le climat est plus frais, potages, salades et gibier dominent la cuisine, tandis que sur le littoral, les produits de la mer restent les vedettes incontestables.

### La charcuterie

L'Andalousie produit une **charcuterie** réputée, notamment le fameux **jamón**. On distingue le *jamón serrano* (de montagne), issu du porc blanc, du *jamón ibérico* (ibérique), provenant du porc noir, autrement appelé *pata negra* (patte noire). Si le porc noir est nourri exclusivement de glands de chêne *(bellota)*, on parle de **jamón de bellota**, le plus réputé et le plus cher.

### Les poissons

Sur la côte, on trouve une multitude de poissons cuisinés de manière très variée : cuits ou *a la plancha*, c'est-à-dire grillés à même une plaque de métal (grosses crevettes et gambas de Sanlúcar), cuisinés (plats de poissons de Cadix), frits (anchois, limandes, petites seiches...), grillés (sardines de Málaga ou orphies).

### Les plats cuisinés

Même si le poisson frit *(pescaíto frito)* se sert dans tous les bars de la côte, la cuisine andalouse repose sur les plats cuisinés. Le *cocido* andalou (genre de pot-au-feu), qui porte aussi le nom de *olla* ou de *puchero*, est préparé dans toutes les provinces, mais varie selon les produits locaux. Il se compose de viande de porc ou de poulet cuisinée avec des légumes, des pois chiches et des haricots. La viande et le lard, consommés à part, constituent le **pringá**, tapa des bars sévillans. Dans les régions montagneuses de l'intérieur, les plats de gibier apportent toutes les calories nécessaires pour combattre le froid.

## Les fromages

Les fromages *(quesos)* andalous sont peu connus. Préparés avec du lait de chèvre ou de brebis, ils sont assez forts et ne se prennent pas en fin de repas, mais à l'apéritif, accompagnés de vins comme le manzanilla, le *fino* ou l'*oloroso*.

## L'huile d'olive

L'Espagne est le premier producteur mondial d'huile d'olive, et l'Andalousie concentre les trois quarts de la production, dont deux appellations d'origine contrôlée – baena (Cordoue) et sierra de Segura (Jaén). Elle se déguste nature sur du pain grillé au petit-déjeuner et entre dans la composition de la plupart des plats.

## Les soupes froides

Le **gazpacho**, rafraîchissant et très nourrissant, est connu dans le monde entier. Il se compose de tomates, de concombres, de poivrons, d'huile d'olive, de vinaigre, d'ail et de sel, et parfois de mie de pain, pour épaissir. Le **salmorejo** ressemble plus à une purée (pain écrasé avec des tomates, de l'ail, de l'huile, du vinaigre et du sel, servi avec de petits dés de jambon et d'œuf dur), est également très agréable l'été. L'**ajoblanco**, spécialité de Málaga, est aussi une soupe rafraîchissante (amandes, ail, mie de pain, huile d'olive, vinaigre et sel).

## Les pâtisseries

L'influence arabe ou juive est très nette dans la **pâtisserie** andalouse. À **Grenade**, ne manquez pas de goûter les *piononos*. Testez également les *polvorones* (petits gâteaux à base de farine, de suif et d'amandes) et les *mantecados*, que l'on déguste à Noël. Pour finir, goûtez aux délicieux *tocinos de cielo*, sorte de flan au caramel très sucré, littéralement « lard céleste ».



### Les vins andalous

*Avec ses 86 000 ha de vignobles, l'Andalousie est une zone viticole dont les vins sont devenus réputés. Les vins s'obtiennent essentiellement à partir de deux variétés de raisin blanc, le palomino et le pedro ximénez. Il existe cinq Appellations d'origine (D.O.) : jerez, montilla-moriles, málaga, sierras de Málaga et condado de Huelva. À cela s'ajoutent seize « vinos de la tierra », à Indication géographique protégée, tous de grande qualité mais parfois difficiles à trouver hors de leur province d'origine.*

Enfin, **Pedro Machuca** (mort en 1550), architecte et peintre, dont l'œuvre maîtresse, le palais de Charles Quint dans l'Alhambra de Grenade, est une construction au plan d'une simplicité extrême (un cercle inscrit dans un carré), totalement innovatrice et incomprise en son temps...

### *Sculpture*

Réalisme et force de l'expression règnent dans la sculpture de cette période, qui annonce déjà le baroque. Les commandes proviennent généralement de l'Église, ce qui explique la prédominance du thème religieux dans les œuvres.
Parmi les nombreux artistes italiens qui travaillent en Andalousie, il convient de citer **Domenico Fancelli** (1469-1518), auteur du tombeau des Rois Catholiques dans la Chapelle royale de la cathédrale de Grenade, **Jacobo Florentino** (1476-1526), qui réalise *L'Enterrement du Christ* exposé au musée de Grenade, et **Pietro Torrigiano** (1472-1528), auteur du *Saint Jérôme pénitent* (musée de Séville). Le sculpteur espagnol le plus important de cette époque est **Bartolomé Ordóñez** (vers 1480-1520), qui travaille sur les tombeaux de Jeanne la Folle et de Philippe le Beau (Chapelle royale de Grenade).



### *Peinture*

Le religieux l'emporte sur le profane, mais Séville échappe à la règle, car quelques familles fortunées font figurer dans la décoration de leurs demeures des thèmes profanes, mythologiques et allégoriques (dans la **Casa de Pilatos** notamment). L'influence flamande domine dans la première partie du siècle. Mais peu à peu, le maniérisme toscan et le classicisme de Raphaël préparent l'arrivée de la peinture vénitienne.
Le meilleur représentant de la Renaissance primitive à Séville est le peintre **Alejo Fernández** (1475-1545), dont l'œuvre la plus célèbre est la *Vierge des navigateurs* de l'Alcázar de Séville. Citons aussi le Sévillan **Luis de Vargas** (1502-1568), peintre andalou formé à l'école italienne, qui réalise les *Scènes de la vie du Christ* (cathédrale de Séville, Capilla Mayor).
Au cours du 16e s., de nombreux peintres flamands viennent à Séville, attirés par sa richesse et dans l'espoir de trouver du travail aux Amériques. Citons le robuste Peter Kempeneer, connu sous le nom de **Pedro de Campaña** (1503-1563), auteur de la grande *Descente de Croix* de la cathédrale de Séville, ainsi que **Hernando Sturbio** (mort en 1577), qui y réalise également le retable des Évangélistes.

## LE BAROQUE (17e-18e S.)

### *Architecture*

Dans la première moitié du 17e s., les églises présentent un plan rectangulaire très simple, des motifs ornementaux de plâtre et parfois des façades décorées de panneaux d'azulejos (Hospital de la Caridad de Séville). Puis l'austérité s'adoucit et les édifices commencent à se couvrir de détails décoratifs.
Au milieu du 17e s., **Alonso Cano** (1601-1667), architecte, sculpteur et peintre, réalise la façade principale de la cathédrale de Grenade.

Avec l'arrivée des Bourbons et le développement des échanges commerciaux avec l'Amérique, le baroque andalou entame une époque de splendeur, caractérisée par une véritable frénésie de constructions sur tout le territoire andalou. Nombre de petites villes se dotent alors de demeures seigneuriales et d'églises baroques : c'est le cas, entre autres exemples, d'Osuna (clocher de l'église de la Merced...), d'Écija (palais de Benamejí et de Peñaflor, clocher de l'église de San Juan...), de Carmona (couvent de las Descalzas)...

Tous les architectes interprètent le baroque au gré de leur imagination. Si l'influence arabe et la fantaisie coloriste prédominent dans le sanctuaire de la chartreuse de



Grenade réalisé par **Francisco Hurtado Izquierdo** (1669-1725), **Vicente Acero** (vers 1675-1739) s'inspire quant à lui de la cathédrale Renaissance de Grenade pour réaliser à Cadix, entre 1722 et 1729, la dernière grande cathédrale espagnole.

Le Sévillan **Leonardo de Figueroa** (1650-1730), auteur du palais de San Telmo et de l'Hospital de los Venerables, réalise à Séville deux magnifiques églises, celle del Salvador et celle de San Luis de los Franceses.

## Sculpture

Au début du 17e s., l'Andalousie devient un foyer de sculpture religieuse au service de la Contre-Réforme et de ses impératifs de dramatisation et d'expressivité destinés à l'éducation des fidèles par l'image. Les œuvres, de plus en plus réalistes, sont toujours en bois polychrome. **Juan Martínez Montañés** (1568-1648), né à Alcalá la Real (province de Jaén), est le véritable fondateur de l'école de sculpture de Séville, et le plus illustre représentant de cette sculpture andalouse à son apogée. Son chef-d'œuvre : le *Christ de la Clémence* de la cathédrale de Séville.

Vers le milieu du 17e s., et surtout au début du 18e s., on note l'influence italienne inspirée du style du Bernin. L'agitation, le mouvement et le sens dramatique dominent. **José de Arce** (vers 1605-1666) est le précurseur de ce courant dans lequel **Pedro Roldán** (1624-1700) occupe une place importante. Il travaille surtout à Séville (groupe de la Mise au tombeau de l'Hospital de la Caridad), tandis que **Pedro Duque Cornejo** (1677-1757) doit sa célébrité aux œuvres qu'il réalise pour les chartreux de Séville, mais aussi aux belles stalles de la cathédrale de Cordoue.

## Le Siècle d'or de la peinture

Le 17e s. est le Siècle d'or de la peinture andalouse, qui commence par respecter la tradition flamande souveraine au 16e s. pour gagner ensuite en richesse et en luminosité. Cependant, la renommée de certains peintres sévillans du début de ce siècle, dont **Francisco Pacheco** (1564-1644), a été quelque peu éclipsée par la gloire des trois maîtres que sont Velázquez, Zurbarán et Murillo.

**Diego Velázquez** (1599-1660), qui a passé la majeure partie de sa vie à Madrid, n'a jamais oublié sa formation sévillane. Avant de quitter sa ville natale, entre 1617 et 1623, il réalise essentiellement des peintures

religieuses ou de mœurs comme *L'Adoration des Mages* (aujourd'hui au musée du Prado à Madrid).
**Francisco de Zurbarán** (1598-1664), originaire d'Estrémadure, a fait son apprentissage à Séville et s'y installe définitivement en 1629. Il fut le grand peintre de la vie monastique et l'auteur de merveilleuses natures mortes. Son atelier devient l'un des plus importants de Séville et il exporte beaucoup d'œuvres vers l'Amérique.
**Bartolomé Esteban Murillo** (1618-1682) fut le peintre le plus célèbre de son époque. Il vécut toute sa vie à Séville. Lui aussi exporta d'innombrables toiles destinées aux églises du Nouveau Monde.
À Grenade, **Alonso Cano** (1601-1667) est le peintre baroque le plus classique. Son œuvre la plus connue est l'ensemble de toiles représentant la vie de la Vierge, exposé en hauteur dans la cathédrale de Grenade.

## L'ART DES 19e ET 20e S.

Au début du 19e s., après des siècles de splendeur, le dynamisme créatif andalou semble s'essouffler. Le nombre de commandes et projets diminue en même temps que la crise économique, profonde, grandit.
Les grands changements affectant l'**architecture** s'opèrent assez tardivement en Andalousie.
On note tout d'abord l'arrivée du **modernisme** (inspiré entre autres par l'Art nouveau français) dans la décoration des intérieurs bourgeois et des petits magasins, particulièrement dans la province de Cadix.
Parallèlement se développe l'**historicisme**, un retour aux styles plus anciens, dans la construction de bâtiments officiels et de salles de spectacle, comme le palais provincial de Jaén ou les théâtres Falla de Cadix et Aliatar à Grenade.
Dynamisée par la création de l'École d'architecture de Séville dans les années 1960 et par l'Exposition universelle de 1992, l'architecture andalouse de ces dernières décennies s'adapte aux dernières tendances et traduit bien l'évolution économique positive de la communauté.
Dans le domaine de la peinture romantique, citons Antonio Martínez Esquivel, José Gutiérrez de la Vega et **Valeriano Domínguez Bécquer** (1833-1870).
À la fin du 19e s., le peintre réaliste **Julio Romero de Torres** (1880-1930), originaire de Cordoue, peint essentiellement de ravissantes femmes andalouses à la sensualité contenue *(Oranges et Citrons)*.
Totalement différent, **Pablo Ruiz Picasso** (1881-1973), né à Málaga, est à n'en pas douter le peintre le plus célèbre du 20e s.
À mi-chemin entre le 19e s. et le 20e s., deux autres peintres méritent d'être mentionnés : **Daniel Vázquez Díaz** (1882-1969), peintre d'inspiration cubiste et auteur des fresques du monastère de La Rábida (Huelva), et **Rafael Zabaleta** (1907-1960), célèbre pour son expressionnisme stylisé et rustique. Plus tard, **Luis Gordillo** (1934) et **Guillermo Pérez Villalta** (1948) rejoignent le mouvement figuratif représenté, entre autres, par le peintre muraliste **Manuel Barbadillo** (1922-1983).

## LEXIQUE D'ART

Les mots indiqués en italique n'ont pas d'équivalent en français.

**Alcázar** – Palais royal arabe.
**Arabesque** – Terme romantique utilisé pour exprimer l'effet de décor de l'art islamique.
**Artesonado** – Plafond à marqueterie où des baguettes assemblées dessinent des caissons en étoiles.
**Atalaya** – Tour de guet.
**Ataurique** – Décor végétal stylisé inspiré de la feuille d'acanthe, caractéristique de l'art califal et du style mudéjar.
**Azulejo** – Carreau de faïence vernissée.
**Barbacane** – Enceinte extérieure plus basse que la muraille, d'où l'on empêche les machines de guerre d'approcher.



**Camarín** – Petite chapelle située en hauteur à l'arrière du retable, où l'on vénère généralement une statue de la Vierge précieusement vêtue.
**Capilla mayor** – Chapelle placée dans l'axe de la nef et recevant le maître-autel (chœur des églises françaises).
**Chevet** – Partie extérieure de l'église située derrière l'autel (*cabecera* en Espagne).
**Churrigueresque** – Dans le style des Churriguera, architectes du 18e s. Désigne un décor baroque surchargé.
**Colonne salomonique** – Colonne torse décorée d'un réseau végétal.
**Coracha** – Mur reliant une tour extérieure à la muraille principale.
**Coro** – Enceinte souvent bâtie au milieu de la nef.
**Coufique** – Écriture arabe aux lignes majuscules et anguleuses.
**Entrelacs** – Décor géométrique formé d'une série de lignes entrecroisées qui composent des motifs polygonaux ou en étoiles. Caractéristique de l'art arabe.
**Madraza** – Medersa, université ou académie religieuse arabe.
**Minaret** – Tour de la mosquée d'où le muezzin lance l'appel à la prière.
**Mozarabe** – Art réalisé par des chrétiens vivant en territoire musulman avant la Reconquête.
**Mudéjar** – Art réalisé par des musulmans vivant en territoire chrétien après la Reconquête.
**Pendentif** – Chacun des quatre triangles curvilignes qui soutiennent une coupole. Ils permettent de passer du plan carré au plan circulaire.
**Retablo mayor** – Retable monumental qui s'élève souvent jusqu'aux voûtes. Il est placé derrière le maître-autel, situé dans la *capilla mayor*.
**Sagrario** – Chapelle où est conservé le saint sacrement ; parfois le *sagrario* est une église indépendante.
**Sebka** – Décor en brique où se répète à l'infini des petits arcs polylobés ou mixtilignes (lignes droites et courbes) formant un réseau de losanges.
**Stuc** – Décor sculpté en plâtre.
**Transept** – Nef transversale qui coupe la nef principale.
**Trascoro** – Face postérieure souvent sculptée du *coro*.

## A



## B



## C

## T



## U



## V



## Z

**Collection sous la direction de Philippe Orain**

**Responsable d'édition et rédacteur en chef du guide :** Éric Boucher

**Réalisation éditoriale** Archipel studio

**Rédaction** France Bourboulon, Dominique Camus, Alexandra Didier, Mathieu Guillochon, Maria Gutiérrez Alonso, Sylvie Kempler, Mélanie Lemaire, Matilde Miñón, Denis Montagnon, Pierre Plantier, Alejandro Prieto de Vega, Natacha Sardou, Magali Triano

**Ont contribué à ce guide** Theodor Cepraga (**Cartographie**), Véronique Aissani, Carole Diascorn (**Couverture**), Maria Gaspar, Marie Simonet, Sophie Roques (**Iconographie**), Bénédicte Lathes, Isabelle Foucault, Marion Desvignes-Canonne (**Données objectives**), Bogdan Gheorghiu, Cristian Catona, Hervé Dubois, Pascal Grougon (**Prépresse**), Dominique Auclair (**Pilotage**)
Plans de ville : © MICHELIN et © 2006-2017 TomTom.
All rights reserved.
**Conception graphique** Laurent Muller (couverture et maquette intérieure)

**Régie publicitaire et partenariats** business-solutions@tp.michelin.com
*Le contenu des pages de publicité insérées dans ce guide n'engage que la responsabilité des annonceurs.*

**Contacts** Qu'avez-vous pensé de ce guide ?
Répondez à notre questionnaire en ligne, en allant sur le site : satisfaction.michelin.com

Vous souhaitez nous contacter ?
Envoyez-nous un email à l'adresse : tourisme@tp.michelin.com

**Parution 2019**



## Crédits photographiques p. 4-5
(de gauche à droite et de haut en bas)

sorincolac/iStock
bluejayphoto/iStock
neirfy/iStock
diro/Fotosearch LBRF/age fotostock
J. Feuerer/age fotostock
Minden/hemis.fr
L. Vallecillos/age fotostock
perszing1982/Fotosearch LBRF/age fotostock
Karol Kozlowski/iStock
J. Peral/age fotostock

**VOTRE AVIS EST ESSENTIEL**
POUR AMÉLIORER NOS PRODUITS

*Aidez-nous en répondant à notre questionnaire sur le site :*

**satisfaction.michelin.com**

**Michelin Travel Partner**
Société par actions simplifiée au capital de 15 044 940 EUR
27 Cours de l'Ile Seguin - 92100 Boulogne Billancourt (France)
R.C.S. Nanterre 433 677 721

Toute reproduction, même partielle et quel qu'en soit le support, est interdite sans autorisation préalable de l'éditeur.

© 2019 Michelin Travel Partner – tous droits réservés
Dépôt légal : 02-2019 – ISSN 0293-9436
Imprimeur : Estimprim, Autechaux
Imprimé en France : 02-2019

Usine certifiée 14001
Sur du papier issu de forêts bien gérées